동양북스 외국어
베스트 도서
700만 독자의 선택!

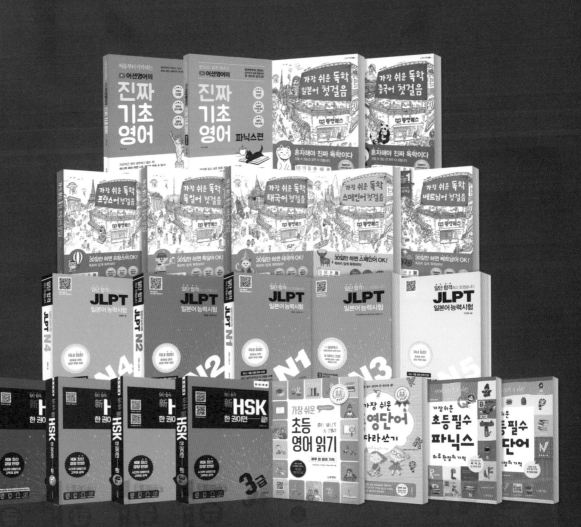

새로운 도서,
다양한 자료
동양북스
홈페이지에서
만나보세요!

www.dongyangbooks.com
m.dongyangbooks.com

※ 학습자료 및 MP3 제공 여부는 도서마다 상이하므로 확인 후 이용 바랍니다.

홈페이지 도서 자료실에서 학습자료 및 MP3 무료 다운로드

PC

❶ 홈페이지 접속 후 도서 자료실 클릭
❷ 하단 검색 창에 검색어 입력
❸ MP3, 정답과 해설, 부가자료 등 첨부파일 다운로드
  * 원하는 자료가 없는 경우 '요청하기' 클릭!

MOBILE

* 반드시 '인터넷, Safari, Chrome' App을 이용하여 홈페이지에 접속해주세요. (네이버, 다음 App 이용 시 첨부파일의 확장자명이 변경되어 저장되는 오류가 발생할 수 있습니다.)

❶ 홈페이지 접속 후 ☰ 터치

❷ 도서 자료실 터치

❸ 하단 검색창에 검색어 입력
❹ MP3, 정답과 해설, 부가자료 등 첨부파일 다운로드
  * 압축 해제 방법은 '다운로드 Tip' 참고

중국어뱅크

똑똑한 중국어 말하기 훈련 프로그램

스마트 스피킹 중국어

张洁 저 김현철·박응석 편역

2

동양북스

스마트 스피킹 중국어 **2**

초판 3쇄 | 2023년 3월 5일

지은이 | 张洁
편   역 | 김현철, 박웅석
발행인 | 김태웅
편집주간 | 박지호
기획 편집 | 신효정, 김수연
디자인 | 남은혜, 신효선
마케팅 | 나재승
제   작 | 현대순

발행처 | (주)동양북스
등   록 | 제2014-000055호
주   소 | 서울시 마포구 동교로 22길 14 (04030)
구입 문의 | 전화 (02)337-1737 팩스 (02)334-6624
내용 문의 | 전화 (02)337-1762 dybooks2@gmail.com

ISBN 979-11-5768-470-0 14720
     979-11-5768-451-9 (세트)

▶ 잘못된 책은 구입처에서 교환해드립니다.
▶ 도서출판 동양북스에서는 소중한 원고, 새로운 기획을 기다리고 있습니다.
   http://www.dongyangbooks.com

이 도서의 국립중앙도서관 출판예정도서목록(CIP)은 서지정보유통지원시스템 홈페이지(http://seoji.go.kr)와
국가자료공동목록시스템(http://www.nl.go.kr/kolisnet)에서 이용하실 수 있습니다.
(CIP제어번호:CIP2018043158)

또 하나의 고개를 넘습니다.

어느 교재든 수고한 손길들이 있기 마련입니다. 그리고 또다시 세상을 보게 되는 수많은 교재가 우리 앞에 쏟아지고 있습니다. 그래서 새로운 교재를 내놓을 때마다 또 하나의 불필요한 수고가 되지 않기 위해서 그 어느 때보다도 경건해집니다.

이번에 소개해 드리는 교재 역시 창의적인 생각으로 고안된 겁니다. 기존의 불필요한 부분들을 과감하게 떨쳐 버리고, 완전히 학습자 입장에서 만들어졌습니다.

정확한 학습 목표와 학습 내용을 먼저 제시하고, 준비 과정에서 먼저 사진 등으로 시작한 후, 매 과의 핵심 문장을 들어 연습하게 했습니다. 또한, 본문은 반드시 연습을 통해 이해하고 익숙해질 수 있도록 구성하였으며, 새로 나온 단어를 하단에 배치하여 따로 사전을 찾지 않아도 되게 하였습니다. 더욱이 정리하기 편에서는 구조적인 설명과 문화 팁, 그리고 퀴즈를 통해 학습한 내용을 충분히 습득할 수 있게 하였습니다. 종합 연습도 공인시험 형태로 꾸며 배운 내용을 바탕으로 시험에 바로 응시할 수 있게 배치하였습니다. 이렇듯 참신한 아이디어로 똘똘 뭉친 이 교재는 수업시간에 활용하거나, 독학하거나 그룹으로 학습하는데도 아주 적합하게 활용할 수 있도록 구성하였습니다.

말 그대로 입에서 술술 나오는 중국어가 중요합니다. 듣고 말하고 읽고 쓰는 게 무엇보다 중요합니다. 시간이 없다고 이 네 가지를 소홀히 할 수는 없습니다.

이 교재로 제대로 된 교수법으로 무장한 교사가 수업한다면 아무 문제 없을 겁니다. 무엇을 가르치고 어떻게 가르치고 누가 가르치느냐가 절대적으로 중요합니다. 이 교재의 내용 전체를 위에서 제시한 방법대로 가르친다면 학습자와 교수자 모두 만족하는 아주 의미 있는 중국어 학습이 될 거라 확신합니다.

조금씩 변화를 주는 태도로 꾸준하게 연습하십시오. 투자한 만큼 오롯이 보상을 받을 수 있는 것이 바로 외국어 교육입니다. 교재의 내용을 자주 듣고, 큰 소리로 말하며, 끊어 읽기에 주의하여 읽고, 반드시 손으로 써 보시기 바랍니다. 변화된 모습이 여러분 앞에 환하게 펼쳐질 겁니다.

아울러 교재 출판 끝까지 같이 해준 중국어기획팀과 동양북스 식구들 모두에게 또 하나의 고마움을 전합니다.

哲山과 **石松** 적음

차례

5

본책

◀ **학습 목표와 학습 내용**

본 과에서 배울 내용을 미리 살펴봅니다.

☺ 학습 전후 배운 내용에 체크해 보세요.

▶ **준비하기**

본문 학습 전 준비 단계로 관련 단어와 핵심 문장을 살펴봅니다.

☺ 본문에서 배울 내용을 미리 듣고 큰 소리로 따라해 보세요.

◀ **회화 ①, ②**

본 과의 주제와 관련된 상황의 대화문을 수록하였습니다. 새로운 표현뿐만 아니라 앞 과에서 배운 표현도 포함되어 있어 복습 효과도 누릴 수 있습니다.

☺ 일상 + 비즈니스 회화로 다양한 표현을 폭넓게 익힐 수 있어요.

◀ **회화 ①, ② 연습**

알맞은 대답 고르기, 교체 연습, 자유롭게 대답하기 등 말하기 중심의 연습을 통해 배운 내용을 바로 확인합니다.

☺ 배운 내용이 입에 익숙해지도록 연습해 보세요.

◀ **단문**

본 과의 주제와 관련된 상황의 짧은 글을 수록하였습니다.

☺ Speaking Training을 통해 본문 내용을 연습해 보세요.

◀ **단문 연습**

옳고 그름 판단하기, 질문에 답변하기 등 말하기 중심의 연습을 통해 배운 내용을 바로 확인합니다.

☺ 중국어로 답변하는 연습을 통해 말하기 실력을 향상시켜 보세요.

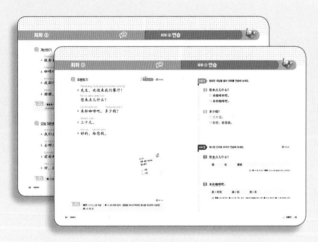

◀ 정리하기

본문에서 배운 내용을 정리하고, 추가적으로 필요한 어법이나 어휘를 정리하였습니다.

😊 학습한 문장을 직접 써 보는 퀴즈를 통해 배운 내용을 정리해 보세요.

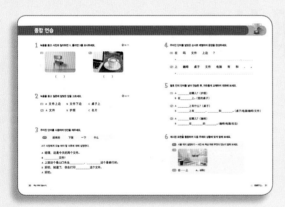

◀ 종합 연습

본 과에서 학습한 내용을 듣기, 읽기 쓰기, 말하기 네 영역별 문제를 통해 골고루 점검할 수 있습니다.

😊 실력을 점검한 후 부족한 영역은 다시 한번 풀어 보세요.

 워크북

워크북은 STEP 1 간체자 쓰기 ≫ STEP 2 들으면서 따라 쓰기 ≫ STEP 3 듣고 받아쓰기 ≫ STEP 4 빈칸 채우기 ≫ STEP 5 대화 연습하기 순서로 이루어져 있습니다. 반복해서 듣고, 쓰고, 말하면서 배운 내용을 내 것으로 만들 수 있습니다.

😊 듣고 쓰면서 입으로 따라 하면 말문이 트이는 워크북으로 한 과를 마무리해 보세요.

MP3
MP3는 동양북스 홈페이지 자료실에서 무료로 다운로드 받으실 수 있습니다.
(http://www.dongyangbooks.com)

Xǐshǒujiān zài nǎr?

洗手间在哪儿?

| 화장실이 어디인가요?

화장실은 어디에 있죠?

앞으로 가시면 됩니다.

학습 목표 □ 구체적으로 장소를 묻고 답할 수 있다.

학습 내용 □ 방위사 前, 后, 左, 右 □ 往 + 방향 + 동사

□ 명사/인칭대사 + 这儿/那儿

준비하기

STEP 1 이번 과의 주제와 관련된 단어를 따라 읽어 보세요. 🎧 01-01

zuǒbian	yòubian	qiánmiàn	hòumiàn
左边	**右边**	**前面**	**后面**
왼쪽	오른쪽	앞	뒤

STEP 2 이번 과의 핵심 문장을 발음과 억양에 유의하여 따라 읽어 보세요. 🎧 01-02

1 Zuǒbian shì Lǐ jīnglǐ, yòubian shì Zhōu xiānsheng. ☑ ☐ ☐
左边是李经理，右边是周先生。

2 Wǎng qián zǒu. ☑ ☐ ☐
往前走。

3 Zài diàntī nàr ma? ☑ ☐ ☐
在电梯那儿吗？

방향을 가리키며 질문하기

Qiánmiàn nà jǐ wèi shì shéi?

A 前面那几位是谁？

Zuǒbian shì Lǐ jīnglǐ,　　　yòubian shì Zhōu xiānsheng.

B 左边是李经理，右边是周先生。

Lǐ jīnglǐ hòumiàn shì shéi?

A 李经理后面是谁？

Hòumiàn shì Wáng mìshū.

B 后面是王秘书。

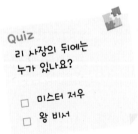

Quiz
리 사장의 뒤에는
누가 있나요?

☐ 미스터 저우
☐ 왕 비서

🎧 01-04

 • **前面** qiánmiàn 명 앞　• **左边** zuǒbian 명 왼쪽　• **右边** yòubian 명 오른쪽
　• **后面** hòumiàn 명 뒤

회화 ① 연습

STEP 1 알맞은 대답을 골라 대화를 연습해 보세요.

1 前面那几位是谁?

□ 左边是李经理，右边是周先生。

□ 左边是公司，右边是学校。

2 李经理后面是谁?

□ 前面是李经理。

□ 后面是王秘书。

STEP 2 제시된 단어로 바꾸어 연습해 보세요. 🎧 01-05

1 左边是李经理，右边是周先生。

我爸爸 / 我妈妈	韩国队 / 中国队	宿舍 / 学生餐厅

🔔 队 duì 몡 팀 | 餐厅 cāntīng 몡 식당

2 后面是王秘书。

前面 / 金老师	左边 / 商店	旁边 / 我姐姐

🔔 旁边 pángbiān 몡 옆, 측면

😊 **화장실 위치 묻기**

🎧 01-06

Lǐ mìshū,　duìbuqǐ,　qǐngwèn,　xǐshǒujiān zài nǎr?

A 李秘书，对不起，请问，洗手间在哪儿?

Wǎng qián zǒu.

B 往前走。

Zài diàntī nàr ma?

A 在电梯那儿吗?

Shì,　zài diàntī de yòubian.

B 是，在电梯的右边。

Xièxie nǐ,　Lǐ mìshū.

A 谢谢你，李秘书。

Bú kèqi.

B 不客气。

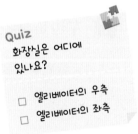

Quiz
화장실은 어디에
있나요?

☐ 엘리베이터의 우측
☐ 엘리베이터의 좌측

🎧 01-07

회화 ② 연습

STEP 1 알맞은 대답을 골라 대화를 연습해 보세요.

1 谢谢你，李秘书。
  □ 不客气。
  □ 没关系。

STEP 2 제시된 단어로 바꾸어 연습해 보세요.   01-08

1 往<u>前</u>走。

| 左 | 右 | 后 |

后 hòu 몡 뒤, 후

2 在<u>电梯</u>那儿吗?

| 学校 | 老师 | 你 |

STEP 3 실제 상황에 맞게 대답해 보세요.

1 洗手间在哪儿?

▶ _____

😊 **사무실 위치 설명하기**

 🎧 01-09

Jīntiān wǒ dì yī tiān shàngbān,　Lǐ mìshū gěi wǒ jièshàole yíxià.

今天我第一天上班，李秘书给我介绍了一下。

Wáng jīnglǐ de bàngōngshì zài liù céng,　kěyǐ zuò èr hào diàntī,　diàntī

王经理的办公室在六层，可以坐二号电梯，电梯

de zuǒbian shì xǐshǒujiān,　wǎng qián zǒu shì jīnglǐ de bàngōngshì, jīnglǐ

的左边是洗手间，往前走是经理的办公室，经理

de bàngōngshì yòubian shì mìshū de bàngōngshì.

的办公室右边是秘书的办公室。

 Speaking Training

1. 빈칸을 자유롭게 채워 말해 보세요.

　　今天我第一天上班，李秘书给我介绍了一下。王
经理的办公室在＿＿＿层，可以坐＿＿＿号电梯，电梯
的＿＿＿边是洗手间，往＿＿＿走是经理的办公室，经
理的办公室＿＿＿边是秘书的办公室。

2. 자신의 학교 교실이나 회사 사무실의 위치를 설명해 보세요.

🎧 01-10

New Words　● 第一 dì yī 㘎 첫 (번)째

단문 **연습**

STEP 1 다음 문장과 본문 내용이 일치하면 V, 틀리면 X를 표시하고, 바르게 고쳐 말해 보세요.

1 今天她第二天上班。　　　　　　　　　　　☐
Jīntiān tā dì èr tiān shàngbān.

▶ _____

2 电梯的左边是洗手间。　　　　　　　　　　　☐
Diàntī de zuǒbian shì xǐshǒujiān.

▶ _____

3 经理的办公室左边是秘书的办公室。　　　　　☐
Jīnglǐ de bàngōngshì zuǒbian shì mìshū de bàngōngshì.

▶ _____

STEP 2 다음 질문에 답해 보세요.

1 王经理的办公室在几层?
Wáng jīnglǐ de bàngōngshì zài jǐ céng?

▶ _____

2 去王经理的办公室坐几号电梯?
Qù Wáng jīnglǐ de bàngōngshì zuò jǐ hào diàntī?

▶ _____

3 秘书的办公室在哪儿?
Mìshū de bàngōngshì zài nǎr?

▶ _____

정리하기

1 방위사 前, 后, 左, 右

방위사는 방향이나 위치를 나타냅니다. '前', '后', '左', '右'와 같은 단순방위사에 '边'이나 '面'을 붙여서 합성방위사를 만들 수 있습니다. 단순방위사는 다른 단어와 결합하여 쓰이며, 합성방위사는 단독으로 사용하거나 '참조대상 + (的) + 방위사' 형태로 사용합니다.

	前	后	左	右
边	前边 qiánbian	后边 hòubian	左边 zuǒbian	右边 yòubian
面	前面 qiánmiàn	后面 hòumiàn	左面 zuǒmiàn	右面 yòumiàn

左边是李经理，右边是周先生。
Zuǒbian shì Lǐ jīnglǐ, yòubian shì Zhōu xiānsheng.

前面是王秘书。
Qiánmiàn shì Wáng mìshū.

我坐在您的后面。
Wǒ zuòzài nín de hòumiàn.

学校左边有一家餐厅。
Xuéxiào zuǒbian yǒu yì jiā cāntīng.

Quiz
이번 과에서 배운 내용을 바탕으로 중국어로 바꾸어 써 보세요.

1. ① 왼쪽은 리 사장이고 오른쪽은 미스터 저우입니다. ▶ _____

② 앞은 왕 비서입니다. ▶ _____

③ 저는 당신 뒤에 앉습니다. ▶ _____

④ 학교 왼쪽에는 식당 하나가 있습니다. ▶ _____

2 往 + 방향 + 동사

'~로 향해 ~하다'의 의미를 나타내는 개사구문 '往 + 방향 + 동사'를 사용하여 길을 안내할 수 있습니다. 이때 동사는 주로 '走'나 '拐'를 사용합니다.

往前走是经理的办公室。
Wǎng qián zǒu shì jīnglǐ de bàngōngshì.

一直往前走，然后往左拐。
Yìzhí wǎng qián zǒu, ránhòu wǎng zuǒ guǎi.

一直往右走就行。
Yìzhí wǎng yòu zǒu jiù xíng.

((·)) 拐 guǎi 동 방향을 바꾸다

3 명사/인칭대사 + 这儿/那儿

'电梯'와 같은 명사나 '我'와 같은 인칭대사에 지시대사 '这儿'이나 '那儿'을 결합해서 장소를 나타낼 수 있습니다. 이때 장소는 명사나 인칭대사가 위치한 장소를 가리킵니다.

A 在电梯那儿吗?
　Zài diàntī nàr ma?

B 是，在电梯的右边。
　Shì, zài diàntī de yòubian.

A 您来我这儿吧。
　Nín lái wǒ zhèr ba.

B 好的，我去您那儿。
　Hǎo de, wǒ qù nín nàr.

2. ① 앞으로 가면 사장님의 사무실입니다. ▶ _____

　 ② 앞으로 계속해서 간 후에 왼쪽으로 꺾으세요. ▶ _____

　 ③ 오른쪽으로 계속해서 가시면 됩니다. ▶ _____

3. ① A 엘리베이터가 있는 저쪽이요? ▶ _____ ② A (당신은) 제가 있는 쪽으로 오세요. ▶ _____

　 B 네, 엘리베이터의 오른쪽이요. ▶ _____ 　 B 네, 제가 당신 있는 곳으로 갈게요. ▶ _____

1 녹음을 듣고 사진과 일치하면 V, 틀리면 X를 표시하세요. 🎧 01-11

(1)

( )

(2)

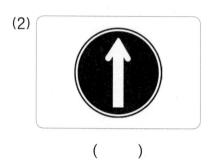

( )

2 녹음을 듣고 질문에 알맞은 답을 고르세요. 🎧 01-12

(1) A 李经理　　　B 周先生　　　C 不知道

(2) A 一层　　　B 五层　　　C 十五层

3 주어진 단어를 사용하여 빈칸을 채우세요.

보기　是　往　右边　在

A가 리 비서에게 화장실 위치를 묻는다.

A 李秘书，对不起，请问，洗手间在哪儿？

B ＿＿＿＿＿＿前走。

A ＿＿＿＿＿＿电梯那儿吗？

B ＿＿＿＿＿＿，在电梯的＿＿＿＿＿＿。

A 谢谢你，李秘书。

B 不客气。

4 주어진 단어를 알맞은 순서로 배열하여 문장을 완성하세요.

(1) 后面　　李经理　　谁　　是　　？

　　▶ _____

(2) 第一　　我　　上班　　天　　今天　　。

　　▶ _____

(3) 是　　往　　经理的办公室　　前　　走　　。

　　▶ _____

5 괄호 안의 단어를 넣어 연습한 후, 자유롭게 교체하여 대화해 보세요.

(1) A _____那几位是谁?（前面）
　　B _____是_____, _____是_____。（左边/李经理/右边/周先生）

(2) A 请问, _____在哪儿?（洗手间）
　　B 往_____走。（前）

(3) A 在_____那儿吗?（电梯）
　　B 是, 在_____的_____。（电梯/右边）

6 제시된 표현을 활용하여 다음 주제에 맞게 말해 보세요.

　　주제　주변에 있는 사람 소개하기
　　표현　前面　　后面　　左边　　右边

Zài zhuōzi shang.

在桌子上。

| 책상 위에 있습니다.

제 여권이
어디에 있죠?

사장님 책상
위에 있습니다.

학습 목표 □ 사물의 위치를 묻고 답할 수 있다.

학습 내용 □ 방위사 上, 下 □ 결과보어 到 □ 방향보어 来/去 □ A、B和C
□ 커피의 명칭

STEP 1 이번 과의 주제와 관련된 단어를 따라 읽어 보세요. 🎧 02-01

wénjiàn
文件
문서

jiāotōngkǎ
交通卡
교통카드

xuéshēngzhèng
学生证
학생증

STEP 2 이번 과의 핵심 문장을 발음과 억양에 유의하여 따라 읽어 보세요. 🎧 02-02

1 Zhǎodào le, zài wénjiàn xiàbian. ☑ ☐ ☐
找到了，在文件下边。

2 Zài nín de zhuōzi shang. ☑ ☐ ☐
在您的桌子上。

3 Zhuōzi shang yǒu diànnǎo、kāfēi hé wénjiàn. ☑ ☐ ☐
桌子上有电脑、咖啡和文件。

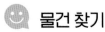 물건 찾기

Wǒ de hùzhào zài nǎr?
A 我的护照在哪儿?

Zài zhuōzi shang ma?
B 在桌子上吗?

Bú zài.
A 不在。

Zài wénjiàn shàngbian ma?
B 在文件上边吗?

Zhǎodào le, zài wénjiàn xiàbian.
A 找到了，在文件下边。

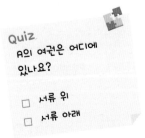

Quiz
A의 여권은 어디에
있나요?

□ 서류 위
□ 서류 아래

🎧 02-04

 • **桌子** zhuōzi 명 책상 • **上** shàng 명 위[명사 뒤에서 방향을 나타낼 때는 경성으로 읽음]
• **文件** wénjiàn 명 서류 • **上边** shàngbian 명 위쪽 • **下边** xiàbian 명 아래쪽

회화 ① 연습

STEP 1 알맞은 대답을 골라 대화를 연습해 보세요.

1 在桌子上吗？

　□ 没在。

　□ 不在。

2 在文件上边吗？

　□ 在文件下边。

　□ 不在，在文件上边。

STEP 2 제시된 단어로 바꾸어 연습해 보세요.　　　　　　🎧 02-05

1 在桌子上吗？

　　椅子　　　　箱子　　　　沙发

🔔 **椅子** yǐzi 명 의자 | **箱子** xiāngzi 명 상자 | **沙发** shāfā 명 소파

2 找到了，在文件下边。

　　椅子 / 旁边　　　　箱子 / 左边　　　　沙发 / 后面

서류 파악하기

Jīnglǐ,　　zhè shì jīntiān de liǎng ge wénjiàn.
A 经理，这是今天的两个文件。

Shénme wénjiàn?
B 什么文件？

Shàngmiàn zhège shì Shānkǒu xiānsheng sònglái de,
A 上面这个是山口先生送来的，

xiàmiàn zhège shì yínháng de.
下面这个是银行的。

Hǎo de,　zhīdào le.　　Nǐ qù dǎyìn yíxià zhège wénjiàn.
B 好的，知道了。你去打印一下这个文件。

Hǎo de.
A 好的。

Wǒ de hùzhào zài nǎr?　　Wǒ xià zhōu chūchāi.
B 我的护照在哪儿？我下周出差。

Zài nín de zhuōzi shang.
A 在您的桌子上。

Zhīdào le,　　xièxie!
B 知道了，谢谢！

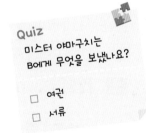
Quiz
미스터 야마구치는
B에게 무엇을 보냈나요?

□ 여권
□ 서류

🎧 02-07

New Words • 上面 shàngmiàn 명 위 • 下面 xiàmiàn 명 아래 • 打印 dǎyìn 동 인쇄하다
• 下 xià 명 다음, 아래

회화 ② 연습

STEP 1 알맞은 대답을 골라 대화를 연습해 보세요.

1 我的护照在哪儿?

☐ 上面是山口先生送来的, 下面是银行的。

☐ 在您的桌子上。

STEP 2 제시된 단어로 바꾸어 연습해 보세요. 🎧 02-08

1 上面这个是山口先生送来的, 下面这个是银行的。

名片 / 照片   英文的 / 中文的   王先生的 / 李小姐的

🔔 照片 zhàopiàn 몡 사진 | 英文 Yīngwén 몡 영문, 영어 | 中文 Zhōngwén 몡 중국어

2 你去打印一下这个文件。

复印 / 这个报告   打听 / 这件事   寄 / 这封信

🔔 复印 fùyìn 동 복사하다 | 报告 bàogào 몡 보고서 | 打听 dǎtīng 동 물어보다, 알아보다 | 件 jiàn 양 일·사건·사물을 세는 단위 | 事 shì 몡 사건, 일 | 寄 jì 동 부치다, 보내다 | 封 fēng 양 통[편지를 세는 단위] | 信 xìn 몡 편지

STEP 3 다음 그림을 참고하여 대답해 보세요.

1 那是什么书?

▶ _____

책상 위 사물의 위치 말하기

Zhè shì Wáng jīnglǐ de bàngōngzhuō, zhuōzi shang yǒu diànnǎo、kāfēi

这是王经理的办公桌，桌子上有电脑、咖啡

hé wénjiàn.　Kāfēi zài diànnǎo de yòubian; diànnǎo de qiánmiàn shì wénjiàn.

和文件。咖啡在电脑的右边；电脑的前面是文件。

💬 Speaking Training

1. 빈칸을 자유롭게 채워 말해 보세요.

　　这是王经理的办公桌，桌子上有＿＿＿、＿＿＿
和＿＿＿。＿＿＿在＿＿＿的＿＿＿；＿＿＿的＿＿＿是
＿＿＿。

2. 자신의 책상에는 무엇이 있는지 말해 보세요.

🔊 02-10

 ●电脑 diànnǎo 명 컴퓨터　●咖啡 kāfēi 명 커피

단문 **연습**

STEP 1 다음 문장과 본문 내용이 일치하면 V, 틀리면 X를 표시하고, 바르게 고쳐 말해 보세요.

1 王经理的桌子上有电脑、绿茶和文件。 ☐
Wáng jīnglǐ de zhuōzi shang yǒu diànnǎo、lǜchá hé wénjiàn.

▶ _____

2 电脑的后面是文件。 ☐
Diànnǎo de hòumiàn shì wénjiàn.

▶ _____

3 经理的桌子上没有手机。 ☐
Jīnglǐ de zhuōzi shang méiyǒu shǒujī.

▶ _____

STEP 2 다음 질문에 답해 보세요.

1 王经理的桌子上有什么?
Wáng jīnglǐ de zhuōzi shang yǒu shénme?

▶ _____

2 咖啡左边有什么?
Kāfēi zuǒbian yǒu shénme?

▶ _____

3 文件在哪儿?
Wénjiàn zài nǎr?

▶ _____

정리하기

1 방위사 上, 下

방위사 '上', '下'도 '边'이나 '面'을 붙여서 방위를 나타낼 수 있습니다.

	上	下
边	上边 shàngbian	下边 xiàbian
面	上面 shàngmiàn	下面 xiàmiàn

A 在文件上边吗?
　Zài wénjiàn shàngbian ma?

B 在文件下边。
　Zài wénjiàn xiàbian.

上面这个是山口先生送来的, 下面这个是银行的。
Shàngmiàn zhège shì Shānkǒu xiānsheng sònglái de, xiàmiàn zhège shì yínháng de.

2 결과보어 到

결과보어 '到'는 동사 뒤에 쓰여 목적 달성이나 결과의 발생을 나타냅니다. 예를 들어 '找'는 찾는 행위만 나타내고 찾았는지 결과는 알 수 없지만 뒤에 '到'가 오면 찾았음을 나타냅니다.

找到了。
Zhǎodào le.

我听到了这个消息。
Wǒ tīngdàole zhège xiāoxi.

见到你很高兴。
Jiàndào nǐ hěn gāoxìng.

在这儿能看到学校全景。
Zài zhèr néng kàndào xuéxiào quánjǐng.

消息 xiāoxi 몡 소식 | 能 néng 조동 ~할 수 있다 | 全景 quánjǐng 몡 전경

Quiz 이번 과에서 배운 내용을 바탕으로 중국어로 바꾸어 써 보세요.

1. ① A 서류 위에 있나요? ▶ _____　　B 서류 밑에 있습니다. ▶ _____

　② 위에 이것은 미스터 야마구치가 보내온 것이고, 아래 이것은 은행 것입니다. ▶ _____

2. ① 찾았습니다. ▶ _____　　② 저는 이 소식을 들었습니다. ▶ _____

　③ 당신을 만나서 반갑습니다. ▶ _____　　④ 여기에서 학교 전경을 볼 수 있습니다. ▶ _____

3 방향보어 来/去

동사 뒤에 방향보어 '来'나 '去'가 오면 동작의 결과가 말하는 사람과 어떤 원근 관계를 갖는지 구체적으로 나타냅니다. 예를 들어 동사 뒤에 '来'가 오면, 동작이 말하는 사람쪽으로 행해지는 것을 나타내고, '去'가 오면 동작이 말하는 사람에게서 멀어짐을 나타냅니다.

这个是山口先生送来的。
Zhège shì Shānkǒu xiānsheng sònglái de.

我给她送去了。
Wǒ gěi tā sòngqù le.

4 A、B和C

모점 '、'은 문장 내부에서 병렬된 단어나 구의 사이에 사용됩니다. 나열의 마지막에는 보통 '和'를 사용합니다.

桌子上有电脑、咖啡和文件。
Zhuōzi shang yǒu diànnǎo、kāfēi hé wénjiàn.

我家有爸爸、妈妈和我。
Wǒ jiā yǒu bàba、māma hé wǒ.

5 커피의 명칭

중국에서도 커피의 수요가 늘고 있습니다. 다양한 커피 종류별 명칭을 알아봅시다.

에스프레소	아메리카노	카페라떼	카페모카	카푸치노
浓缩咖啡	美式咖啡	拿铁咖啡	摩卡咖啡	卡布奇诺
nóngsuō kāfēi	měishì kāfēi	nátiě kāfēi	mókǎ kāfēi	kǎbùqínuò

3. ① 이것은 미스터 야마구치가 보내온 것입니다. ▶ _____ ② 제가 그녀에게 보냈습니다. ▶ _____

4. ① 책상에는 컴퓨터, 커피와 서류가 있습니다. ▶ _____

　② 우리 집 식구는 아버지, 어머니와 저입니다. ▶ _____

5. ① 아메리카노 ▶ _____ ② 카페라테 ▶ _____

종합 연습

1 녹음을 듣고 사진과 일치하면 V, 틀리면 X를 표시하세요. 🎧 02-11

(1)

(   )

(2)

(   )

2 녹음을 듣고 질문에 알맞은 답을 고르세요. 🎧 02-12

(1) A 文件上边　　B 文件下边　　C 桌子上

(2) A 文件　　　　B 护照　　　　C 名片

3 주어진 단어를 사용하여 빈칸을 채우세요.

> **보기**　　送来的　　　下面　　　一下　　　什么

A가 사장에게 오늘 봐야 할 서류에 대해 설명한다.

A 经理，这是今天的两个文件。

B ＿＿＿＿＿＿文件?

A 上面这个是山口先生＿＿＿＿＿＿，＿＿＿＿＿＿这个是银行的。

B 好的，知道了。你去打印＿＿＿＿＿＿这个文件。

A 好的。

4 주어진 단어를 알맞은 순서로 배열하여 문장을 완성하세요.

(1) 在　　吗　　文件　　上边　　？

▶ _____

(2) 上　　咖啡　　桌子　　文件　　电脑　　有　　和　　、　　。

▶ _____

5 괄호 안의 단어를 넣어 연습한 후, 자유롭게 교체하여 대화해 보세요.

(1) A _____在哪儿?（护照）
　　B 在_____上。（您的桌子）

(2) A _____上有什么?（桌子）
　　B _____上有_____、_____和_____。（桌子/电脑/咖啡/文件）

(3) A _____在哪儿?（咖啡）
　　B _____在_____的_____。（咖啡/电脑/右边）

6 제시된 표현을 활용하여 다음 주제와 상황에 맞게 말해 보세요.

 사물 위치 설명하기 – 사진 속 책상 위에 무엇이 어디에 있는지 말해 보세요.

표현　在……上　　　A、B和C　　　右边　　　左边

* Unit *
03

Zài cāntīng
在餐厅

| 식당에서

저기요, 얼마예요?

커피가 40위안, 차가 38위안 입니다.

학습 목표 □ 음식 주문·식사와 관련된 표현을 할 수 있다.

학습 내용 □ 동사 来 □ 동사 + (一)点儿 □ 음식 관련 양사 □ 지불 방식
□ 好 + 동사

준비하기

STEP 1 ▶ 이번 과의 주제와 관련된 단어를 따라 읽어 보세요. 🎧 03-01

kuàngquánshuǐ
矿泉水
생수

píjiǔ
啤酒
맥주

chá
茶
차

STEP 2 ▶ 이번 과의 핵심 문장을 발음과 억양에 유의하여 따라 읽어 보세요. 🎧 03-02

1 Nín lái diǎnr shénme? ☑ ☐ ☐
您来点儿什么?

2 Wǒmen qù hē yì bēi ba? ☑ ☐ ☐
我们去喝一杯吧?

3 Cāntīng de fúwùyuán hěn hǎo, ☑ ☐ ☐
cài hěn hào chī, kāfēi yě hěn hǎo hē.
餐厅的服务员很好，菜很好吃，咖啡也很好喝。

😊 **주문하기**

Xiānsheng, huānyíng lái wǒmen cāntīng!

A 先生，欢迎来我们餐厅！

Nín lái diǎnr shénme?

您来点儿什么？

Lái bēi kāfēi ba.　　Duōshao qián?

B 来杯咖啡吧。多少钱？

Sānshí yuán.

A 三十元。

Hǎo de,　　gěi nín qián.

B 好的，给您钱。

Quiz
A와 B는 어디에
있나요?

☐ 식당
☐ 시장

🎧 03-04

• **餐厅** cāntīng 몡 식당　• **来** lái 통 (어떤 동작·행동을) 하다[구체적인 동사를 대신하여 사용함]
• **杯** bēi 양 잔

회화 ① **연습**

STEP 1   알맞은 대답을 골라 대화를 연습해 보세요.

1   您来点儿什么?

     □ 来咖啡杯吧。

     □ 来杯咖啡吧。

2   多少钱?

     □ 三十元。

     □ 好的，给您钱。

STEP 2   제시된 단어로 바꾸어 연습해 보세요.   🎧 03-05

1   您<u>来</u>点儿什么?

     喝   吃   需要

🔔 **喝** hē 图 마시다 | **需要** xūyào 图 필요로 하다, 요구되다

2   <u>来杯</u>咖啡吧。

     瓶 / 啤酒   碗 / 粥   壶 / 茶

🔔 **啤酒** píjiǔ 몡 맥주 | **碗** wǎn 먱 그릇·공기·사발이나 등불을 세는 단위 | **粥** zhōu 몡 죽 | **壶** hú 먱 주전자, 단지

회화 ②

😊 계산하기

따라 읽기 1 / 2 / 3 🎧 03-06

Fúwùyuán, duōshao qián?

A 服务员，多少钱？

Kāfēi sìshí yuán, chá sānshíbā yuán.

B 咖啡四十元，茶三十八元。

Wǒ shuā xìnyòngkǎ, zhè shì wǒ de xìnyòngkǎ.

A 我刷信用卡，这是我的信用卡。

Xièxie, huānyíng zài lái!

B 谢谢，欢迎再来！

🎧 03-07

Quiz
A가 계산한 금액은
얼마인가요?

☐ 80위안
☐ 78위안

> **New Words** • 服务员 fúwùyuán 명 종업원 • 茶 chá 명 차 • 刷 shuā 동 (카드로) 결제하다 • 信用卡 xìnyòngkǎ 명 신용카드

😊 모임 제안하기

따라 읽기 1 / 2 / 3 🎧 03-08

Wǒmen qù hē yì bēi ba?

A 我们去喝一杯吧？

Qù nǎr hē?

B 去哪儿喝？

Qiánmiàn nàge cāntīng de píjiǔ hěn hǎo hē.

A 前面那个餐厅的啤酒很好喝。

Hǎo, wǒmen qù hē diǎnr.

B 好，我们去喝点儿。

🎧 03-09

Quiz
A와 B는 어디에서
맥주를 마시나요?

☐ 식당
☐ 집

> **New Words** • 喝 hē 동 마시다 • 啤酒 píjiǔ 명 맥주

STEP 1 알맞은 대답을 골라 대화를 연습해 보세요.

1 我们去喝一杯吧?

☐ 好，我们去喝点儿。

☐ 谢谢，欢迎再来!

STEP 2 제시된 단어로 바꾸어 연습해 보세요.　　　　　🎧 03-10

1 我们去<u>喝</u>一<u>杯</u>吧?

　　吃 / 顿　　　　听 / 首　　　买 / 个

> 🔊 **顿** dùn 양 번, 차례, 끼니[식사·질책·권고 따위의 횟수에 쓰임] | **听** tīng 동 듣다 | **首** shǒu 양 곡, 수[시나 노래를 세는 단위]

2 <u>前面那个餐厅</u>的<u>啤酒</u>很好<u>喝</u>。

　　后面那个咖啡厅 / 蛋糕 / 吃
　　右边那个酒吧 / 音乐 / 听
　　左边那个商场 / 衣服 / 看

> 🔊 **咖啡厅** kāfēitīng 명 커피숍 | **蛋糕** dàngāo 명 케이크 | **衣服** yīfu 명 옷

STEP 3 다음 그림을 참고하여 대답해 보세요.

1 服务员，多少钱?

▶ _____

啤酒 50元　果汁 30元

😊 **식사 경험 말하기**  🎧 03-11

Wǒ hé Wáng mìshū qù gōngsī cāntīng chī fàn. Wǒmen diǎnle sì ge
我和王秘书去公司餐厅吃饭。我们点了四个

cài. Wǒ hēle diǎnr kāfēi, Wáng mìshū hēle diǎnr píjiǔ. Lǐ jīnglǐ
菜。我喝了点儿咖啡，王秘书喝了点儿啤酒。李经理

yě zài cāntīng, tā hēle diǎnr chá. Cāntīng de fúwùyuán hěn hǎo,
也在餐厅，他喝了点儿茶。餐厅的服务员很好，

cài hěn hào chī, kāfēi yě hěn hǎo hē.
菜很好吃，咖啡也很好喝。

💬 **Speaking Training**

1. 빈칸을 자유롭게 채워 말해 보세요.
　　我和王秘书去公司餐厅吃饭。我们点了_____个菜。我喝了点儿_____，王秘书喝了点儿_____。李经理也在餐厅，他喝了点儿_____。餐厅的服务员很好，菜很好吃，咖啡也很好喝。

2. 외식한 경험에 대해 말해 보세요.

🎧 03-12

New Words ● 点 diǎn 동 주문하다

단문 **연습**

STEP 1 다음 문장과 본문 내용이 일치하면 V, 틀리면 X를 표시하고, 바르게 고쳐 말해 보세요.

1 他和王经理去公司餐厅吃饭。　☐
Tā hé Wáng jīnglǐ qù gōngsī cāntīng chī fàn.

▶ _____

2 他们点了四个菜。　☐
Tāmen diǎnle sì ge cài.

▶ _____

3 餐厅的菜不好吃，咖啡也不好喝。　☐
Cāntīng de cài bù hǎo chī, kāfēi yě bù hǎo hē.

▶ _____

STEP 2 다음 질문에 답해 보세요.

1 谁喝了啤酒?
Shéi hēle píjiǔ?

▶ _____

2 他们点了几个菜?
Tāmen diǎnle jǐ ge cài?

▶ _____

3 餐厅的服务员怎么样?
Cāntīng de fúwùyuán zěnmeyàng?

▶ _____

1 동사 来

동사 '来'는 '오다' 이외에 '(동작을) 하다'라는 뜻도 있습니다. 해석은 상황에 따라 다르므로 문맥을 따져보고 판단해야 합니다.

我们来点儿啤酒吧。
Wǒmen lái diǎnr píjiǔ ba.
(주문 상황이므로 点의 의미)

再来一点吧。
Zài lái yìdiǎn ba.
(식사 상황이라면 吃의 의미)

2 동사 + (一)点儿

동사 뒤에 '조금'이라는 의미의 '(一)点儿'이 오면 해당 동작을 가볍게 해 보자는 의미가 됩니다.

我们去喝点儿。
Wǒmen qù hē diǎnr.

您吃点儿水果吧。
Nín chī diǎnr shuǐguǒ ba.

水果 shuǐguǒ 명 과일

3 음식 관련 양사

음식과 관련된 양사를 알아봅시다.

중국어	의미	예
杯 bēi	컵, 잔을 세는 단위	一杯水 yì bēi shuǐ
瓶 píng	병을 세는 단위	两瓶啤酒 liǎng píng píjiǔ
碗 wǎn	그릇을 세는 단위	三碗米饭 sān wǎn mǐfàn
道 dào / 份 fèn	요리, 음식을 세는 단위	一道菜 yí dào cài

Quiz 이번 과에서 배운 내용을 바탕으로 중국어로 바꾸어 써 보세요.

1. [来 사용] ① 우리 맥주를 좀 시키죠. ▶ _____   ② 조금 더 드시죠. ▶ _____

2. ① 우리 좀 마시러 가요. ▶ _____   ② 과일 좀 드세요. ▶ _____

3. ① 물 한 잔 ▶ _____   ② 맥주 두 병 ▶ _____

  ③ 밥 세 그릇 ▶ _____   ④ 요리 하나 ▶ _____

4 지불 방식

중국은 현금, 신용카드로 지불하기도 하지만 최근에는 QR 코드 결제 방식인 위챗페이(微信支付 wēixìn zhīfù), 알리페이(支付宝 zhīfùbǎo) 등을 많이 사용합니다. QR 코드를 스캔하는 것은 '扫码'라고 합니다. 이는 '스캔하다'는 뜻의 '扫描'와 'QR 코드'라는 뜻의 '二维码'를 합쳐서 줄인 말입니다.

我刷信用卡。
Wǒ shuā xìnyòngkǎ.

付现金还是刷卡?
Fù xiànjīn háishi shuākǎ?

支付宝还是微信支付?
Zhīfùbǎo háishi wēixìn zhīfù?

🔊 **扫码** sǎomǎ 图 QR 코드를 스캔하다 | **扫描** sǎomiáo 图 스캔하다 |
二维码 èrwéimǎ 몡 QR 코드 | **还是** háishi 젭 또는, 아니면

5 好 + 동사

동사 앞에 '好'가 오면 '~하기 좋다', '~하기 쉽다'는 뜻을 나타냅니다. 예를 들어 '好看', '好吃', '好听'은 각각 '아름답다', '맛있다', '듣기 좋다'는 의미입니다.

这个菜好吃吗?
Zhège cài hǎo chī ma?

她真好看!
Tā zhēn hǎo kàn!

这首歌很好听。
Zhè shǒu gē hěn hǎo tīng.

这个咖啡很好喝。
Zhège kāfēi hěn hǎo hē.

4. ① 저는 신용카드로 결제하겠습니다. ▶ _____

② 현금으로 하시겠습니까 아니면 신용카드로 하시겠습니까? ▶ _____

③ 알리페이로 하시겠습니까 아니면 위챗페이로 하시겠습니까? ▶ _____

5. ① 이 요리는 맛있나요? ▶ _____ ② 그녀는 정말 예뻐요! ▶ _____

③ 이 노래는 정말 듣기 좋아요. ▶ _____ ④ 이 커피는 정말 맛있어요. ▶ _____

종합 연습

1 녹음을 듣고 사진과 일치하면 V, 틀리면 X를 표시하세요.　🎧 03-13

(1)

　　　　(　　)

(2)

　　　　(　　)

2 녹음을 듣고 질문에 알맞은 답을 고르세요.　🎧 03-14

(1) **A** 逛街　　　　**B** 打扫　　　　**C** 喝酒

(2) **A** 四零六房间　　**B** 四零八房间　　**C** 四零九房间

3 주어진 단어를 사용하여 빈칸을 채우세요.

> **보기**　　喝　　　点儿　　　好　　　杯

B가 A에게 맥주 한잔하러 가자고 제안한다.

A 我们去喝一_____吧?

B 去哪儿_____?

A 前面那个餐厅的啤酒很_____喝。

B 好，我们去喝_____。

4 주어진 단어를 알맞은 순서로 배열하여 문장을 완성하세요.

(1) 来   什么   您   点儿   ?

   ▶ _____

(2) 去   一   喝   我们   吧   杯   。

   ▶ _____

(3) 啤酒   王秘书   点儿   了   喝   。

   ▶ _____

5 괄호 안의 단어를 넣어 연습한 후, 자유롭게 교체하여 대화해 보세요.

(1) A 您来点儿什么?

   B 来点儿_____吧。(咖啡)

(2) _____的_____很好_____。(前面那个餐厅/啤酒/喝)

(3) A 你们_____了什么? (点)

   B 我们_____了_____。(点/三个菜)

(4) A 服务员, 多少钱?

   B 咖啡_____元, 茶_____元。(四十/三十八)

6 제시된 표현을 활용하여 다음 주제와 상황에 맞게 말해 보세요.

주제 식사 경험 말하기

상황 리 사장, 메리, 왕텐이 함께 식당에 갔습니다. 누가 무엇을 시켰는지 말해 보세요.

표현 🎧 李经理 茶
　　　玛丽 咖啡
　　　王天 啤酒

Zài chāoshì

在超市

| 슈퍼마켓에서

우리 슈퍼마켓에 가서 중국차 좀 사죠.

네, 중국차는 정말 맛있어요.

학습 목표 ☐ 물건 구매에 필요한 표현을 할 수 있다.

학습 내용 ☐ 대조 구문 ☐ 시간 + 장소 + 동작 ☐ 중국의 차 ☐ 怎么样

STEP 1 이번 과의 주제와 관련된 단어를 따라 읽어 보세요. 🎧 04-01

shuǐguǒ	shūcài	hǎixiān
水果	**蔬菜**	**海鲜**
과일	채소	해산물

STEP 2 이번 과의 핵심 문장을 발음과 억양에 유의하여 따라 읽어 보세요. 🎧 04-02

1 Méi wèntí!
没问题！ ☑ ☐ ☐

2 Wǒmen wǎnshang qù chāoshì,
zěnmeyàng?
我们晚上去超市，怎么样？ ☑ ☐ ☐

3 Kāfēi hé píjiǔ hěn piányi, shuǐguǒ hé cài
hěn guì.
咖啡和啤酒很便宜，水果和菜很贵。 ☑ ☐ ☐

😊 **비교해서 말하기**

따라 읽기 1 / 2 / 3 🎧 04-03

Jīntiān chāoshì de rén zhēn duō!

A 今天超市的人真多！

Wǎnshang chāoshì de rén duō, shàngwǔ rén shǎo.

B 晚上超市的人多，上午人少。

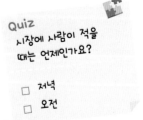

Quiz
시장에 사람이 적을
때는 언제인가요?

☐ 저녁
☐ 오전

🎧 04-04

New Words ● 超市 chāoshì 몡 슈퍼마켓 ● 多 duō 혱 많다 ● 少 shǎo 혱 적다

😊 **시간 약속하기**

따라 읽기 1 / 2 / 3 🎧 04-05

Xīngqītiān chāoshì de shuǐguǒ hěn piányi, wǒmen qù mǎi diǎnr ba.

A 星期天超市的水果很便宜，我们去买点儿吧。

Hǎo a! Jǐ diǎn qù?

B 好啊！几点去？

Wǒmen xiàwǔ liù diǎn zài chāoshì jiàn?

A 我们下午六点在超市见？

Hǎo de, méi wèntí.

B 好的，没问题。

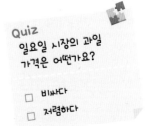

Quiz
일요일 시장의 과일
가격은 어떤가요?

☐ 비싸다
☐ 저렴하다

🎧 04-06

New Words ● 水果 shuǐguǒ 몡 과일 ● 便宜 piányi 혱 싸다, 저렴하다 ● 买 mǎi 동 사다
● 问题 wèntí 몡 문제, 질문

STEP 1 알맞은 대답을 골라 대화를 연습해 보세요.

1 今天超市的人真多!

☐ 晚上超市的人多，上午人少。

☐ 晚上超市的人多，上午人小。

2 我们下午六点在超市见?

☐ 好的，不问题。

☐ 好的，没问题。

STEP 2 제시된 단어로 바꾸어 연습해 보세요. 🔊 04-07

1 <u>超市</u>的<u>水果</u>很<u>便宜</u>。

百货商店 / 蔬菜 / 贵   秋天 / 风 / 大   今天 / 考试 / 难

🔔 **百货商店** bǎihuò shāngdiàn 몡 백화점 | **蔬菜** shūcài 몡 채소 | **秋天** qiūtiān 몡 가을 |
风 fēng 몡 바람 | **考试** kǎoshì 몡 시험 | **难** nán 혱 어렵다

2 我们<u>下午六点</u>在<u>超市</u><u>见</u>?

早上八点 / 学校 / 出发
中午 / 学生餐厅 / 吃饭
晚上八点 / 电影院 / 看电影

😊 제안하기

Zhōngguó de chāoshì xīngqīliù xiūxi ma?

A 中国的超市星期六休息吗?

Bù xiūxi,　　 xīngqīliù chāoshì de rén hěn duō!

B 不休息，星期六超市的人很多!

Wǒmen qù chāoshì mǎi diǎnr Zhōngguó chá ba.

A 我们去超市买点儿中国茶吧。

Xíng,　 Zhōngguó chá hěn hǎo hē.

B 行，中国茶很好喝。

Wǒmen wǎnshang qù chāoshì, zěnmeyàng?

A 我们晚上去超市，怎么样?

Méi wèntí!

B 没问题!

> **Quiz**
> A와 B는 슈퍼마켓에
> 무엇을 사러 가나요?
>
> ☐ 중국술
> ☐ 중국차

🎧 04-09

New Words　● 怎么样 zěnmeyàng 때 어떻다

회화 ② 연습

STEP 1 알맞은 대답을 골라 대화를 연습해 보세요.

1 中国的超市星期六休息吗？
　　☐ 不休息，星期六超市的人很多！
　　☐ 休息，星期六超市的人很多！

2 我们去超市买点儿中国茶吧。
　　☐ 行，中国茶不好喝。
　　☐ 行，中国茶很好喝。

STEP 2 제시된 단어로 바꾸어 연습해 보세요.　　　　　🎧 04-10

1 我们去<u>超市</u>买点儿<u>中国茶</u>吧。

　　咖啡厅 / 喝 / 咖啡　　餐厅 / 吃 / 韩国菜　　电影院 / 看 / 中国电影

2 我们<u>晚上去超市</u>，怎么样？

　　早上 / 喝 / 咖啡　　中午 / 看 / 电影　　晚上 / 吃 / 火锅

🔊 **火锅** huǒguō 몡 중국식 샤브샤브

😊 **구매한 물건에 대해 말하기**

따라 읽기 1 / 2 / 3 🎧 04-11

Jīntiān shàngwǔ wǒ qù chāoshì le, chāoshì rén bù duō.　Wǒ mǎile
今天上午我去超市了，超市人不多。我买了

kāfēi、 píjiǔ,　shuǐguǒ hé cài.　Kāfēi hé píjiǔ hěn piányi,　shuǐguǒ
咖啡、啤酒，水果和菜。咖啡和啤酒很便宜，水果

hé cài hěn guì.
和菜很贵。

💬 **Speaking Training**

1. 빈칸을 자유롭게 채워 말해 보세요.

今天上午我去超市了，超市人不多。 我买了
＿＿＿、＿＿＿, ＿＿＿和＿＿＿。 ＿＿＿和＿＿＿很便
宜, ＿＿＿和＿＿＿很贵。

2. 시장에서 물건을 구매한 경험에 대해 말해 보세요.

🎧 04-12

New Words
● 菜 cài 몡 채소

단문 **연습**

STEP 1 다음 문장과 본문 내용이 일치하면 V, 틀리면 X를 표시하고, 바르게 고쳐 말해 보세요.

1 今天上午她去咖啡厅了。 ☐
Jīntiān shàngwǔ tā qù kāfēitīng le.

▶ _____

2 她买了咖啡、啤酒，水果和茶。 ☐
Tā mǎile kāfēi、píjiǔ, shuǐguǒ hé chá.

▶ _____

3 咖啡和啤酒很便宜，水果和菜很贵。 ☐
Kāfēi hé píjiǔ hěn piányi, shuǐguǒ hé cài hěn guì.

▶ _____

STEP 2 다음 질문에 답해 보세요.

1 超市人多不多?
Chāoshì rén duō bu duō?

▶ _____

2 她买了什么?
Tā mǎile shénme?

▶ _____

3 咖啡和啤酒的价格怎么样?
Kāfēi hé píjiǔ de jiàgé zěnmeyàng?

▶ _____

(()) **价格** jiàgé 명 가격

정리하기

1 대조 구문

형용사술어 앞에는 '매우'라는 강조의 의미가 없더라도 보통 정도부사 '很'을 같이 씁니다. 형용사술어가 단독으로 쓰일 때에는 아래 예문과 같이 대조의 의미를 갖습니다.

晚上超市的人多，上午人少。
Wǎnshang chāoshì de rén duō, shàngwǔ rén shǎo.

这个餐厅大，那个餐厅小。
Zhège cāntīng dà, nàge cāntīng xiǎo.

这个桌子贵，那个桌子便宜。
Zhège zhuōzi guì, nàge zhuōzi piányi.

2 시간 + 장소 + 동작

한 사건의 배경을 시간과 장소를 포함하여 구체적으로 표현하고 싶을 때는 한국어처럼 언제(시간), 어디서(장소), 무엇(동작)을 하는지 순서로 말합니다.

我们下午六点在超市见?
Wǒmen xiàwǔ liù diǎn zài chāoshì jiàn?

我们每天早上在餐厅吃饭。
Wǒmen měitiān zǎoshang zài cāntīng chī fàn.

他每天晚上在图书馆学习。
Tā měitiān wǎnshang zài túshūguǎn xuéxí.

Quiz 이번 과에서 배운 내용을 바탕으로 중국어로 바꾸어 써 보세요.

1. ① 슈퍼마켓에는 저녁에 사람이 많고, 오전에는 사람이 적다. ▶ _____

② 이 식당은 크고, 저 식당은 작다. ▶ _____

③ 이 탁자는 비싸고, 저 탁자는 저렴하다. ▶ _____

2. ① 우리 오후 6시에 슈퍼마켓에서 만날까요? ▶ _____

② 우리는 매일 아침 식당에서 밥을 먹는다. ▶ _____

③ 그는 매일 저녁 도서관에서 공부한다. ▶ _____

3 중국의 차

중국인들은 식사 전후에 차를 즐겨 마십니다. 차의 종류는 매우 다양한데, 찻물이나 찻잎의 색깔에 따라 크게 여섯 가지로 나눌 수 있습니다.

녹차	백차	청차
绿茶 lǜchá	白茶 báichá	青茶 qīngchá
홍차	**황차**	**흑차**
红茶 hóngchá	黄茶 huángchá	黑茶 hēichá

4 怎么样

'怎么样'은 '어떠하다'는 뜻으로 상대방의 의견을 물을 때 주로 사용합니다.

我们晚上去超市，怎么样?
Wǒmen wǎnshang qù chāoshì, zěnmeyàng?

他业务水平怎么样?
Tā yèwù shuǐpíng zěnmeyàng?

你觉得这部电影，怎么样?
Nǐ juéde zhè bù diànyǐng, zěnmeyàng?

业务 yèwù 몡 업무, 일 | 水平 shuǐpíng 몡 수준

---

3. ① 녹차 ▶ _____   ② 홍차 ▶ _____   ③ 황차 ▶ _____

4. ① 우리 저녁에 슈퍼마켓에 가는 게 어때요? ▶ _____

　② 그의 업무 수준이 어떻습니까? ▶ _____

　③ 당신이 생각하기에 이 영화는 어떤가요? ▶ _____

1 녹음을 듣고 사진과 일치하면 V, 틀리면 X를 표시하세요.　🎧 04-13

(1)

(　　)

(2)

(　　)

2 녹음을 듣고 질문에 알맞은 답을 고르세요.　🎧 04-14

(1) **A** 上午　　　　**B** 中午　　　　**C** 晚上

(2) **A** 上午十点　　**B** 下午六点　　**C** 下午七点

3 주어진 단어를 사용하여 빈칸을 채우세요.

> 보기　　买点儿　　怎么样　　不　　好喝

A가 중국차를 사기 위해 슈퍼마켓에 가려고 한다.

A 中国的超市星期六休息吗?

B _____休息，星期六超市的人很多!

A 我们去超市_____中国茶吧。

B 行，中国茶很_____。

A 我们晚上去超市，_____?

B 没问题!

4 주어진 단어를 알맞은 순서로 배열하여 문장을 완성하세요.

(1) 多　　星期六　　很　　超市　　人　　的　　！

▶ _____

(2) 我们　　去　　吧　　买　　中国菜　　点儿　　超市　　。

▶ _____

(3) 水果　　我　　咖啡　　啤酒　　了　　买　　和　　菜　　、　，　。

▶ _____

5 괄호 안의 단어를 넣어 연습한 후, 자유롭게 교체하여 대화해 보세요.

(1) A 我们_____去_____，怎么样？（晚上/超市）
　　 B 好的，没问题。

(2) A 你买了什么？
　　 B 我买了_____、_____，_____和_____。
　　 （咖啡/啤酒/水果/菜）

(3) A _____的_____怎么样？（超市/水果）
　　 B _____的_____很_____。（超市/水果/便宜）

6 제시된 표현을 활용하여 다음 주제와 상황에 맞게 말해 보세요.

주제 구매한 물건 말하기

상황 당신은 슈퍼마켓에 장을 보러 갔습니다. 쇼핑리스트를 참고하여 무엇을 얼마에 샀는지 말해 보세요.

표현 🎵 Shopping list
咖啡 40元　　中国茶 80元　　啤酒 25元
水果 28元　　矿泉水 8元　　面包 30元

Dìng piào.

订票。

| 표를 예매하다.

24일 베이징으로 가는 비행기 표를 예매할게요.

오전 10시, 괜찮으신가요?

학습 목표 □ 예약 · 예매에 필요한 표현을 할 수 있다.

학습 내용 □ 항공&호텔 관련 어휘 □ 결과보어 好 □ 탑승권 알아보기

STEP 1 이번 과의 주제와 관련된 단어를 따라 읽어 보세요. 🎧 05-01

fēijīpiào	huǒchēpiào	ménpiào
飞机票	火车票	门票
비행기 표	기차표	입장권

STEP 2 이번 과의 핵심 문장을 발음과 억양에 유의하여 따라 읽어 보세요. 🎧 05-02

1 Nǐ dìng yíxià cāntīng.
你订一下餐厅。

☑ ☐ ☐

2 Wǒ dìng yì zhāng èrshísì hào qù
Běijīng de fēijīpiào.
我订一张二十四号去北京的飞机票。

☑ ☐ ☐

3 Fēijīpiào wǒ dìnghǎo le.
飞机票我订好了。

☑ ☐ ☐

식당 예약 요청하기

Míngtiān wǎnshang, wǒ qǐng Shānkǒu xiānsheng chī fàn,
A 明天晚上，我请山口先生吃饭，

nǐ dìng yíxià cāntīng.
你订一下餐厅。

Hǎo de,   Lǐ jīnglǐ.   Chī zhōngguócài ma?
B 好的，李经理。吃中国菜吗？

Shānkǒu xiānsheng shì Rìběnrén, chī rìběncài ba.
A 山口先生是日本人，吃日本菜吧。

Hǎo de.   Liǎng ge rén ma?
B 好的。两个人吗？

Sì ge rén,   Wáng jīnglǐ hé Mǎlì xiǎojiě yě qù.
A 四个人，王经理和玛丽小姐也去。

Hǎo de,   wǒ zhīdào le.
B 好的，我知道了。

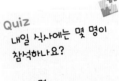

Quiz
내일 식사에는 몇 명이
참석하나요?

□ 2명
□ 4명

🎧 05-04

 New Words ・ 请 qǐng 동 초청하다, 부르다, 초대하다 ・ 订 dìng 동 예약하다

STEP 1　알맞은 대답을 골라 대화를 연습해 보세요.

1 吃中国菜吗?

　☐ 山口先生是日本人，吃韩国菜吧。
　☐ 山口先生是日本人，吃日本菜吧。

STEP 2　제시된 단어로 바꾸어 연습해 보세요.　　🔊 05-05

1 明天晚上，我请山口先生吃饭。

　　今天中午 / 王老师　　后天下午 / 金教授　　下周一晚上 / 李经理

2 你订一下餐厅。

　　飞机票　　　　宾馆　　　　火车票

3 山口先生是日本人，吃日本菜吧。

　　金老师 / 韩国　　　　王女士 / 中国　　　　玛丽小姐 / 法国

🔔 **法国** Fǎguó 고유 프랑스

😊 비행기 표 예매하기

Nín hǎo!
A 您好!

Nín hǎo! Wǒ dìng yì zhāng èrshísì hào qù Běijīng de fēijīpiào.
B 您好! 我订一张二十四号去北京的飞机票。

Shàngwǔ shí diǎn, kěyǐ ma?
A 上午十点，可以吗?

Kěyǐ.
B 可以。

Nín guìxìng?
A 您贵姓?

Wǒ jiào Lǐ Zàitiān, wǒ shì Hánguórén,
B 我叫李在天，我是韩国人，

wǒ de hùzhào hàomǎ shì M èr líng wǔ líng èr qī bā èr.
我的护照号码是M20502782。

Hǎo de, dìnghǎo le.
A 好的，订好了。

Xièxie! Zàijiàn!
B 谢谢! 再见!

Quiz
A가 예매한 비행기 표
시간은 언제인가요?

☐ 24일 저녁 10시
☐ 24일 오전 10시

 • 票 piào 명 표 • 好 hǎo 형 동사 뒤에 쓰여 완성을 나타냄

회화 ② 연습

STEP 1 알맞은 대답을 골라 대화를 연습해 보세요.

💬 您好！我订一张二十四号去北京的飞机票。
　　☐ 上午十点，可以吗？
　　☐ 好的，订好了。

STEP 2 제시된 단어로 바꾸어 연습해 보세요.　　🎧 05-08

1 我订一张二十四号去北京的飞机票。

　　十八 / 上海 / 火车票　　三十 / 天津 / 汽车票　　二十七 / 仁川 / 船票

🔔 **上海** Shànghǎi 고유 상하이 | **天津** Tiānjīn 고유 텐진 | **汽车票** qìchēpiào 명 버스표 | **仁川** Rénchuān 고유 인천

2 上午十点，可以吗？

　　明天 / 下午　　　明年 / 三月份　　　凌晨 / 四点

🔔 **份** fèn 명 년·월 뒤에 붙여 구분을 나타내는 단위 | **凌晨** língchén 명 새벽

3 订好了。

　　准备　　　说　　　办

🔔 **准备** zhǔnbèi 동 준비하다 | **办** bàn 동 처리하다

😊 예약 상황 말하기

따라 읽기 1 / 2 / 3　🎧 05-09

Lǐ jīnglǐ,　　fēijīpiào wǒ dìnghǎo le,　　shíyī yuè èrshísān hào

李经理，飞机票我订好了，十一月二十三号

shàngwǔ shí diǎn.　Bīnguǎn wǒ dìng de shì Jīngběi Bīnguǎn, èrshísān hào

上午十点。宾馆我订的是京北宾馆，二十三号

dào èrshíliù hào. Jīntiān wǎnshang nín qǐng Shānkǒu xiānsheng chī fàn de cāntīng

到二十六号。今天晚上您请山口先生吃饭的餐厅

yě dìnghǎo le,　　liù diǎn zài Rìběn cāntīng.

也订好了，六点在日本餐厅。

💬 Speaking Training

1. 빈칸을 자유롭게 채워 말해 보세요.

李经理，飞机票我订好了，_____月_____号
_____点。宾馆我订的是_____宾馆，_____号到
_____号。今天晚上您请山口先生吃饭的餐厅也订好
了，_____点在_____餐厅。

2. 여행이나 출장 일정에 대해 말해 보세요.

단문 연습

STEP 1 다음 문장과 본문 내용이 일치하면 V, 틀리면 X를 표시하고, 바르게 고쳐 말해 보세요.

1 李经理的飞机票已经订好了。
Lǐ jīnglǐ de fēijīpiào yǐjīng dìnghǎo le. ☐

▶ _____

🔔 **已经** yǐjīng 🖐 이미, 벌써

2 李经理在京北宾馆住一天。
Lǐ jīnglǐ zài Jīngběi Bīnguǎn zhù yì tiān. ☐

▶ _____

3 李经理和山口先生六点在日本餐厅见面。
Lǐ jīnglǐ hé Shānkǒu xiānsheng liù diǎn zài Rìběn cāntīng jiànmiàn. ☐

▶ _____

STEP 2 다음 질문에 답해 보세요.

1 李经理坐飞机去还是坐火车去?
Lǐ jīnglǐ zuò fēijī qù háishi zuò huǒchē qù?

▶ _____

2 李经理在京北宾馆住几天?
Lǐ jīnglǐ zài Jīngběi Bīnguǎn zhù jǐ tiān?

▶ _____

3 李经理今天晚上有什么安排?
Lǐ jīnglǐ jīntiān wǎnshang yǒu shénme ānpái?

▶ _____

🔔 **安排** ānpái 🖐 안배하다, 일을 처리하다, 준비하다

정리하기

1 항공&호텔 관련 어휘

항공과 호텔 예약 및 이용에 필요한 어휘를 알아봅시다.

분류		어휘
항공	노선	国内航班 guónèi hángbān 국내선 国际航班 guójì hángbān 국제선 往返 wǎngfǎn 왕복 单程 dānchéng 편도
	서류	登机牌 dēngjīpái 탑승권 护照 hùzhào 여권 签证 qiānzhèng 비자
	서비스	托运行李 tuōyùn xíngli 수하물을 부치다 飞机餐 fēijīcān 기내식
	장소	登机口 dēngjīkǒu 탑승구 免税店 miǎnshuìdiàn 면세점 行李领取处 xíngli lǐngqǔchù 수하물 찾는 곳
호텔	룸타입	单人间 dānrénjiān 싱글룸 双人间 shuāngrénjiān 트윈룸 标准间 biāozhǔnjiān 스탠다드룸 套房 tàofáng 스위트룸
	장소	服务台 fúwùtái 프런트 데스크 大厅 dàtīng 로비
	서비스	入住 rùzhù 체크인 退房 tuìfáng 체크아웃 叫醒服务 jiàoxǐng fúwù 모닝콜 서비스 早餐 zǎocān 조식 换钱 huànqián 환전
	기타	押金 yājīn 보증금

2 결과보어 好

'好'가 동사 뒤에 사용되면 동작의 결과가 완성되었음을 나타냅니다.

飞机票已经订好了。
Fēijīpiào yǐjīng dìnghǎo le.

作业已经做好了。
Zuòyè yǐjīng zuòhǎo le.

🔊 已经 yǐjīng 🖳 이미, 벌써

Quiz
이번 과에서 배운 내용을 바탕으로 중국어로 바꾸어 써 보세요.

1. [항공 관련 어휘] ① 국제선 ▶ _____ ② 왕복 ▶ _____

③ 비자 ▶ _____ ④ 면세점 ▶ _____

[호텔 관련 어휘] ① 싱글룸 ▶ _____ ② 체크아웃 ▶ _____

③ 프런트 데스크 ▶ _____ ④ 환전 ▶ _____

2. ① 비행기 표는 이미 예약되었습니다. ▶ _____ ② 숙제를 이미 다 했습니다. ▶ _____

③ 탑승권 알아보기

DONGYANG AIRLINES	ECONOMY CLASS		BOARDING PASS

DONGYANG AIRLINES　　　ECONOMY CLASS

❶ Name
KIM/MISUN

❷ Flight/　**❸ Date/**　**❹ Class**
DY124　　22AUG　Y

❺ From　　**❻ To**　　**❼ 134**
ICN　　　　PVG

❽ Gate　　**❾ Boarding Time**　　**❿ Seat No.**
10　　　　1030　　　　27A

⓫ ZONE 1　　**⓬ ETKT3371239995123/1**

⓭ GATES CLOSED 10 MINUTES BEFORE DEPARTURE TIME

BOARDING PASS

NAME **KIM/MISUN**
FROM **SEOUL**
TO **SHANGHAI**
DATE **22AUG**　Y

Seat No.　　FLIGHT
27A　　**DY124**

⓭ TOTAL 6844

ETKT3371239995123/1

❶ 姓名 xìngmíng 성명
❷ 航班号 hángbānhào 항공편명
❸ 日期 rìqī 날짜
❹ 舱位 cāngwèi 클래스
❺ 出发地 chūfādì 출발지
❻ 目的地 mùdìdì 목적지
❼ 序号 xùhào 수속 번호
❽ 登机口 dēngjīkǒu 탑승구

❾ 登机时间 dēngjī shíjiān 탑승 시간
❿ 座位号 zuòwèihào 좌석 번호
⓫ 座位区域 zuòwèi qūyù 좌석 구역
⓬ 票号 piàohào 티켓 번호
⓭ 累计积分 lěijì jīfēn 마일리지 누계 적립
⓮ 登机口于起飞前十分钟关闭 dēngjīkǒu
　 yú qǐfēi qián shí fēnzhōng guānbì
　 출발 10분 전에 탑승이 마감됩니다

3. ① 클래스 ▶ ＿＿＿＿＿＿＿　② 탑승구 ▶ ＿＿＿＿＿＿＿　③ 좌석 번호 ▶ ＿＿＿＿＿＿＿

　④ 성명 ▶ ＿＿＿＿＿＿＿　⑤ 항공편명 ▶ ＿＿＿＿＿＿＿　⑥ 탑승 시간 ▶ ＿＿＿＿＿＿＿

종합 연습

1 녹음을 듣고 사진과 일치하면 V, 틀리면 X를 표시하세요. 🎧 05-10

(1)

(   )

(2)

(   )

2 녹음을 듣고 질문에 알맞은 답을 고르세요. 🎧 05-11

(1) **A** 餐厅   **B** 银行   **C** 办公室

(2) **A** 中国菜   **B** 日本菜   **C** 韩国菜

3 주어진 단어를 사용하여 빈칸을 채우세요.

> 보기   请   两   订   四

A가 B에게 식당 예약을 부탁한다.

A 明天晚上，我_____山口先生吃饭，你_____一下餐厅。

B 好的，李经理。吃中国菜吗?

A 山口先生是日本人，吃日本菜吧。

B 好的。_____个人吗?

A _____个人，王经理和玛丽小姐也去。

B 好的，我知道了。

4 주어진 단어를 알맞은 순서로 배열하여 문장을 완성하세요.

(1) 订　餐厅　一下　你　。

    ▶ _____

(2) 去　飞机票　的　订　北京　我　二十四号　一张　。

    ▶ _____

(3) 飞机票　我　了　好　订　。

    ▶ _____

5 괄호 안의 단어를 넣어 연습한 후, 자유롭게 교체하여 대화해 보세요.

(1) A 你_____一下_____。(订/餐厅)

    B 好的。

(2) A 我订一张_____号去_____的飞机票。(二十四/上海)

    B _____，可以吗? (上午十点)

    A 可以。

    B 您贵姓?

    A 我叫_____。(李在天)

6 제시된 표현을 활용하여 다음 주제와 상황에 맞게 말해 보세요.

> 주제 비행기 표 예약하기
>
> 상황 당신은 리 사장의 비서입니다. 리 사장은 12월 21일부터 3일 간 베이징 출장
> 을 갑니다. 여행사에 전화를 걸어 비행기 표를 예약해 보세요.
>
> 표현 订　(从)……到……　号　点

Nǐ hǎo ma?

你好吗?

| 안녕하시죠?

당신은 어때요?

저는 정말 바빠요.
새로운 직장을
찾았어요.

학습 목표 □ 근황 및 안부를 묻고 답할 수 있다.

학습 내용 □ 상태보어 □ 有点儿 □ 정도부사 挺 □ 虽然……但是……

준비하기

STEP 1 이번 과의 주제와 관련된 단어를 따라 읽어 보세요. 🎧 06-01

è	lèi	jǐnzhāng
饿	累	紧张
배고프다	피곤하다	긴장해 있다, 불안하다

STEP 2 이번 과의 핵심 문장을 발음과 억양에 유의하여 따라 읽어 보세요. 🎧 06-02

1 Nǐ jīntiān guò de zěnmeyàng? ☑ ☐ ☐
你今天过得怎么样?

2 Wǒ yǒudiǎnr lèi. ☑ ☐ ☐
我有点儿累。

3 Wǒ tǐng xǐhuan zhège gōngzuò de. ☑ ☐ ☐
我挺喜欢这个工作的。

 안부 묻기

A **早上好，钱先生。**
Zǎoshang hǎo, Qián xiānsheng.

你今天过得怎么样？
Nǐ jīntiān guò de zěnmeyàng?

B **我很好，你呢？**
Wǒ hěn hǎo, nǐ ne?

A **我有点儿累。**
Wǒ yǒudiǎnr lèi.

B **怎么了？**
Zěnme le?

A **工作太忙了。**
Gōngzuò tài máng le.

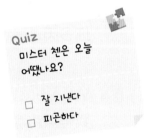

Quiz
미스터 첸은 오늘
어땠나요?

☐ 잘 지낸다
☐ 피곤하다

🎧 06-04

New Words
- **得** de ⒥ 동사나 형용사 뒤에 쓰여, 결과나 정도를 표시하는 보어를 연결시키는 역할을 함
- **累** lèi ⒣ 피곤하다 ・ **怎么** zěnme ⒟ 왜

회화 ① 연습

STEP 1 알맞은 대답을 골라 대화를 연습해 보세요.

1 你今天过得怎么样?

☐ 我也不知道。

☐ 我很好。

STEP 2 제시된 단어로 바꾸어 연습해 보세요.　　　　　　🎧 06-05

1 你<u>今天</u>过得怎么样?

| 最近 | 这段时间 | 周末 |

（🔔）**段** duàn 匓 사물이나 시간 따위의 한 구분을 나타냄 | **周末** zhōumò 똉 주말

2 <u>我</u>有点儿<u>累</u>。

| 他们 / 忙 | 王女士 / 困 | 李先生 / 不高兴 |

（🔔）**困** kùn 匓 졸리다

3 <u>工作</u>太<u>忙</u>了。

| 水果 / 贵 | 天气 / 冷 | 韩国 / 热 |

😊 **근황 묻기**

따라 읽기 1 / 2 / 3 🎧 06-06

Nǐ máng ma?
A 你忙吗?

Bú tài máng. Nǐ zěnmeyàng?
B 不太忙。你怎么样?

Wǒ tǐng máng de, wǒ zhǎole yí ge xīn gōngzuò.
A 我挺忙的，我找了一个新工作。

Qù nǎ jiā gōngsī le?
B 去哪家公司了?

CTI gōngsī.
A CTI公司。

Nǐ xǐhuan zhège gōngzuò ma?
B 你喜欢这个工作吗?

Wǒ tǐng xǐhuan zhège gōngzuò de.
A 我挺喜欢这个工作的。

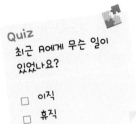

Quiz
최근 A에게 무슨 일이
있었나요?

☐ 이직
☐ 휴직

🎧 06-07

New Words
• 挺 tǐng 💬 매우, 상당히, 대단히, 아주 • 新 xīn 혱 새롭다 • 家 jiā 양 가정·가게·기업 따위를
세는 단위 • 喜欢 xǐhuan 동 좋아하다, 호감을 가지다

STEP 1 알맞은 대답을 골라 대화를 연습해 보세요.

1. 你喜欢这个工作吗?
   ☐ 我挺喜欢这个工作的。
   ☐ 我挺喜欢的这个工作。

STEP 2 제시된 단어로 바꾸어 연습해 보세요. 🎧 06-08

1. <u>我</u>挺<u>忙</u>的。

   他 / 高兴　　　我们 / 累　　　她们 / 伤心

   🔊 **伤心** shāngxīn 图 상심하다, 슬퍼하다

2. <u>去哪家公司</u>了?

   上 / 所 / 学校　　　走 / 个 / 方向　　　买 / 款 / 手机

3. A 你喜欢这<u>个工作</u>吗?
   B 我挺喜欢这<u>个工作</u>的。

   道 / 菜　　　首 / 歌　　　件 / 衣服

새 직장과 업무에 대해 말하기

Wǒ zhǎole yí ge xīn gōngzuò,　xiànzài wǒ zài CTI gōngsī gōngzuò.

我找了一个新工作，现在我在CTI公司工作。

Suīrán gōngzuò yǒudiǎnr máng, wǒ yě yǒudiǎnr lèi,　dànshì wǒ hěn xǐhuan

虽然工作有点儿忙，我也有点儿累，但是我很喜欢

zhège gōngzuò.

这个工作。

💬 Speaking Training

1. 빈칸을 자유롭게 채워 말해 보세요.

　　我找了一个新工作，现在我在＿＿＿公司工作。

　虽然＿＿＿, ＿＿＿, 但是＿＿＿。

2. 虽然……但是…… 구문을 사용하여 자유롭게 말해 보세요.

🎧 06-10

New Words ● 虽然……但是…… suīrán……dànshì…… 젭 비록 ~하지만 ~하다

단문 연습

STEP 1 다음 문장과 본문 내용이 일치하면 V, 틀리면 X를 표시하고, 바르게 고쳐 말해 보세요.

1 他找了一个新工作。　　　　　　　　　　　　　　☐
Tā zhǎole yí ge xīn gōngzuò.

▶ _____

2 他工作不忙。　　　　　　　　　　　　　　　　　☐
Tā gōngzuò bù máng.

▶ _____

3 他不喜欢自己的工作。　　　　　　　　　　　　　☐
Tā bù xǐhuan zìjǐ de gōngzuò.

▶ _____

STEP 2 다음 질문에 답해 보세요.

1 他现在在哪儿工作？
Tā xiànzài zài nǎr gōngzuò?

▶ _____

2 他怎么样？
Tā zěnmeyàng?

▶ _____

3 他喜欢自己的工作吗？
Tā xǐhuan zìjǐ de gōngzuò ma?

▶ _____

1 상태보어

상태보어는 동작의 결과로 나타난 정도나 상태를 표현합니다. 상태보어는 구조조사 '得' 뒤에 위치하며, 일반적으로 '주어+(동사+목적어)+동사+得+상태보어'의 형태입니다. 부정형은 상태보어 앞에 '不'을 붙입니다.

A 你今天过得怎么样?
Nǐ jīntiān guò de zěnmeyàng?

B 我今天过得很好。
Wǒ jīntiān guò de hěn hǎo.

我们周末休息得很好。
Wǒmen zhōumò xiūxi de hěn hǎo.

他写字写得不太好。
Tā xiě zì xiě de bú tài hǎo.

2 有点儿

부정적 의미의 형용사를 사용하는 경우 보통 '一点儿'을 형용사나 상태동사 앞에 놓고 반드시 '有'를 써서 '有(一)点儿'의 형태로 말합니다.

我有点儿累。
Wǒ yǒudiǎnr lèi.

今天有点儿热。
Jīntiān yǒudiǎnr rè.

水果有点儿贵。
Shuǐguǒ yǒudiǎnr guì.

天气有点儿冷。
Tiānqì yǒudiǎnr lěng.

Quiz 이번 과에서 배운 내용을 바탕으로 중국어로 바꾸어 써 보세요.

1. ① A 당신은 오늘 어떻게 지내셨어요? ▶ _____

   B 저는 오늘 잘 보냈습니다. ▶ _____

   ② 우리는 주말에 잘 쉬었습니다. ▶ _____ ③ 그는 글씨를 잘 못 씁니다. ▶ _____

2. ① 저는 조금 피곤합니다. ▶ _____ ② 오늘 조금 덥습니다. ▶ _____

   ③ 과일은 조금 비쌉니다. ▶ _____ ④ 날씨가 조금 춥습니다. ▶ _____

3 정도부사 挺

정도부사 '挺'은 '매우'라는 의미로 주관적 정도를 나타냅니다. 또한 수식하는 형용사 뒤에 '的'가 와서 그 정도를 강조할 수 있습니다.

我挺忙的。
Wǒ tǐng máng de.

我挺喜欢这个工作的。
Wǒ tǐng xǐhuan zhège gōngzuò de.

他挺高兴的。
Tā tǐng gāoxìng de.

我们挺累的。
Wǒmen tǐng lèi de.

4 虽然…… 但是……

'虽然'은 '비록 ~일지라도'라는 뜻으로 양보를 의미하며, 뒤에는 대개 '但是'를 동반합니다. 앞의 '虽然'은 생략할 수도 있습니다.

大家虽然很累，但是都很愉快。
Dàjiā suīrán hěn léi, dànshì dōu hěn yúkuài.

虽然咖啡很贵，但是很好喝。
Suīrán kāfēi hěn guì, dànshì hěn hǎo hē.

虽然那儿很冷，但是天气很好。
Suīrán nàr hěn lěng, dànshì tiānqì hěn hǎo.

(( )) 愉快 yúkuài 휑 기분이 좋다, 유쾌하다

3. ① 저는 매우 바쁩니다. ▶ _____
　② 저는 이 일을 정말 좋아합니다. ▶ _____
　③ 그는 매우 기쁩니다. ▶ _____
　④ 우리는 매우 피곤합니다. ▶ _____

4. ① 모두들 매우 피곤하지만 즐겁습니다. ▶ _____
　② 커피는 비싸지만 맛있습니다. ▶ _____
　③ 그곳은 매우 춥지만 날씨는 좋습니다. ▶ _____

1 녹음을 듣고 사진과 일치하면 V, 틀리면 X를 표시하세요.　　　🎧 06-11

(1)

(　 　)

(2)

(　 　)

2 녹음을 듣고 질문에 알맞은 답을 고르세요　　　🎧 06-12

(1) **A** 不太忙　　　**B** 太忙了　　　**C** 有点儿忙

(2) **A** 很好　　　**B** 不好　　　**C** 有点儿累

3 주어진 단어를 사용하여 빈칸을 채우세요.

> 보기　挺　　新　　的　　哪

A와 B가 서로 안부를 묻는다.

A 你忙吗?
B 不太忙。你怎么样?
A 我＿＿＿＿忙＿＿＿＿，我找了一个＿＿＿＿工作。
B 去＿＿＿＿家公司了?
A CTI公司。

4 주어진 단어를 알맞은 순서로 배열하여 문장을 완성하세요.

(1) 得　你　过　怎么样　今天　?

▶ _____

(2) 这个　我　工作　喜欢　的　挺　。

▶ _____

(3) 新工作　我　个　了　一　找　。

▶ _____

5 괄호 안의 단어를 넣어 연습한 후, 자유롭게 교체하여 대화해 보세요.

(1) A 你今天过得怎么样?

　　B 我很好，你呢?

　　A 我有点儿_____。(累)

(2) A 你喜欢_____吗?（这个工作）

　　B 我挺喜欢_____的。（这个工作）

(3) 虽然_____，但是_____。（工作有点儿忙/我很喜欢这个工作）

6 제시된 표현을 활용하여 다음 주제에 맞게 말해 보세요.

주제 근황 말하기

표현 挺……的　　得　　虽然……但是……

Wǒ de tóngshì

我的同事

| 나의 동료

검은색 양복을
입은 저분인가요?

그런 것
같습니다.

학습 목표 　□ 인상착의를 묻고 답할 수 있다.

학습 내용 　□ 已经……了 □ 동태조사 着 □ 색 표현 □ 还是

STEP 1 이번 과의 주제와 관련된 단어를 따라 읽어 보세요. 🎧 07-01

hóngsè
红色
빨간색

huángsè
黄色
노란색

lánsè
蓝色
파란색

STEP 2 이번 과의 핵심 문장을 발음과 억양에 유의하여 따라 읽어 보세요. 🎧 07-02

1 Shì chuānzhe hēisè xīzhuāng de nà wèi ma? ☑ ☐ ☐
是穿着黑色西装的那位吗?

2 Nán de háishi nǚ de? ☑ ☐ ☐
男的还是女的?

3 Tā dàizhe báisè de yǎnjìng. ☑ ☐ ☐
他戴着白色的眼镜。

😊 **인상착의 설명하기 (1)**

따라 읽기 1 / 2 / 3 🎧 07-03

Wáng jīnglǐ zuò de shì jǐ diǎn de fēijī?

A 王经理坐的是几点的飞机？

Sān diǎn de,　yǐjīng dào le.

B 三点的，已经到了。

Tā dài yǎnjìng ma?

A 他戴眼镜吗？

Dài.

B 戴。

Shì chuānzhe hēisè xīzhuāng de nà wèi ma?

A 是穿着黑色西装的那位吗？

Hěn kěnéng shì.

B 很可能是。

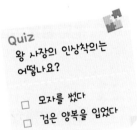

Quiz
왕 사장의 인상착의는
어떤가요?

☐ 모자를 썼다
☐ 검은 양복을 입었다

🎧 07-04

New Words
• 已经 yǐjīng 🌸 이미, 벌써　• 戴 dài 🔲 착용하다, 쓰다, 차다, 달다　• 眼镜 yǎnjìng 🔲 안경
• 穿 chuān 🔲 입다, 신다　• 着 zhe 🔲 ~하고 있다[동사 뒤에 쓰여 동작의 진행·지속을 나타냄]
• 黑色 hēisè 🔲 흑색, 검은색　• 西装 xīzhuāng 🔲 양복　• 可能 kěnéng 🔲 가능하다

STEP 1 알맞은 대답을 골라 대화를 연습해 보세요.

1. 王经理坐的是几点的飞机？
   □ 三点的，已经到。
   □ 三点的，已经到了。

2. 是穿着黑色西装的那位吗？
   □ 很可能是。
   □ 很是可能。

STEP 2 제시된 단어로 바꾸어 연습해 보세요. 🎧 07-05

1. 他戴<u>眼镜</u>吗？

帽子	戒指	口罩

   🔊 **帽子** màozi 몡 모자 | **戒指** jièzhǐ 몡 반지 | **口罩** kǒuzhào 몡 마스크

2. 是<u>穿</u>着<u>黑色西装</u>的那位吗？

戴 / 黄色 / 帽子	打 / 蓝色 / 领带	围 / 粉色 / 围巾

   🔊 **黄色** huángsè 몡 노란색 | **打** dǎ 동 매다 | **蓝色** lánsè 몡 푸른색 | **领带** lǐngdài 몡 넥타이 |
   围 wéi 동 두르다, 둘러싸다 | **粉色** fěnsè 몡 분홍색 | **围巾** wéijīn 몡 목도리, 스카프

😊 **인상착의 설명하기 (2)**

A
Míngtiān wǒmen yǒu wèi xīn tóngshì lái shàngbān.
明天我们有位新同事来上班。

B
Shì ma,　nán de háishi nǚ de?
是吗，男的还是女的？

A
Nǚ de,　nǐ rènshi,　zuótiān wǒmen yìqǐ hē kāfēi le.
女的，你认识，昨天我们一起喝咖啡了。

B
Shì cháng tóufa de nà wèi háishi duǎn tóufa de nà wèi?
是长头发的那位还是短头发的那位？

A
Shì cháng tóufa de nà wèi xiǎojiě,　tā jiào Zhāng Huān.
是长头发的那位小姐，她叫张欢。

B
Wǒ zhīdào le.
我知道了。

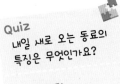

Quiz
내일 새로 오는 동료의
특징은 무엇인가요?

☐ 긴 머리
☐ 짧은 머리

🎧 07-07

New
Words
• **同事** tóngshì 몡 동료　• **男** nán 몡 남자, 남성　• **女** nǚ 몡 여자, 여성　• **还是** háishi 젭 또는,
아니면　• **长** cháng 톙 길다　• **头发** tóufa 몡 머리카락, 두발　• **短** duǎn 톙 짧다

STEP 1 알맞은 대답을 골라 대화를 연습해 보세요.

1 男的还是女的?
☐ 是你认识的。
☐ 女的。

2 是长头发的那位还是短头发的那位?
☐ 很可能是。
☐ 是长头发的那位小姐。

STEP 2 제시된 단어로 바꾸어 연습해 보세요. 🎧 07-08

1 <u>男的</u>还是<u>女的</u>?

| 两点 / 三点 | 301房间 / 302房间 | 喝茶 / 喝咖啡 |

2 是<u>长头发的</u>那位还是<u>短头发的</u>那位?

| 个子高 / 个子矮 | 胖胖 / 瘦瘦 | 眼睛大大 / 眼睛小小 |

🔔 **矮** ǎi 톙 (키가) 작다 | **胖** pàng 톙 뚱뚱하다 | **瘦** shòu 톙 마르다 | **眼睛** yǎnjing 몡 눈

단문

😊 **동료 소개하기**

Wǒ lái jièshào yíxià wǒ de yí wèi nán tóngshì,　　　tā jiào Gāo Fēi.

我来介绍一下我的一位男同事，他叫高飞。

Tā de tóufa shì hēisè de,　　　duǎnduǎn de. Tā dàizhe báisè de yǎnjìng.

他的头发是黑色的，短短的。他戴着白色的眼镜。

Tā xǐhuan chuān xīzhuāng, dǎ lǐngdài.　Tā zuòzài wǒ de zuǒbian.　　Wǒ hěn

他喜欢穿西装，打领带。他坐在我的左边。我很

xǐhuan hé tā yìqǐ hē píjiǔ.

喜欢和他一起喝啤酒。

💬 **Speaking Training**

1. 빈칸을 자유롭게 채워 말해 보세요.

　　我来介绍一下我的一位男同事，他叫_____。他
的头发是_____色的，_____的。他戴着_____。他喜
欢穿_____，_____。他坐在我的_____。我很喜欢和
他一起_____。

2. 자신의 인상착의를 설명해 보세요.

🎧 07-10

New Words · **白色** báisè 몡 흰색 · **打** dǎ 동 매다 · **领带** lǐngdài 몡 넥타이 · **一起** yìqǐ 뛰 같이, 함께

단문 **연습**

STEP 1 다음 문장과 본문 내용이 일치하면 V, 틀리면 X를 표시하고, 바르게 고쳐 말해 보세요.

1 高飞的头发是棕色的，长长的。 ☐
Gāo Fēi de tóufa shì zōngsè de, chángcháng de.

▶ _____

2 高飞戴着白色的帽子。 ☐
Gāo Fēi dàizhe báisè de màozi.

▶ _____

3 高飞喜欢穿西装，打领带。 ☐
Gāo Fēi xǐhuan chuān xīzhuāng, dǎ lǐngdài.

▶ _____

STEP 2 다음 질문에 답해 보세요.

1 他和高飞是什么关系？
Tā hé Gāo Fēi shì shénme guānxi?

▶ _____

2 请描述一下高飞的衣着相貌。
Qǐng miáoshù yíxià Gāo Fēi de yīzhuó xiàngmào.

▶ _____

🔔 **描述** miáoshù 图 묘사하다 | **衣着相貌** yīzhuó xiàngmào 인상착의

3 他喜欢和高飞做什么？
Tā xǐhuan hé Gāo Fēi zuò shénme?

▶ _____

1 已经……了

시간부사 '已经'은 '이미'라는 의미로 보통 문장 끝에 '了'가 사용되어 동작이나 상태가 이루어졌음을 나타냅니다.

已经到了。
Yǐjīng dào le.

他已经走了。
Tā yǐjīng zǒu le.

他已经回国了。
Tā yǐjīng huíguó le.

他身体已经好了。
Tā shēntǐ yǐjīng hǎo le.

2 동태조사 着

동태조사 '着'는 '~하는 중이다', '~해 있다'라는 의미로 동작의 진행이나 어떤 상태의 지속을 나타냅니다.

站着的那位。
Zhànzhe de nà wèi.

桌子上放着很多文件。
Zhuōzi shang fàngzhe hěn duō wénjiàn.

他躺着玩儿手机。
Tā tǎngzhe wánr shǒujī.

他站着吃饭。
Tā zhànzhe chī fàn.

Quiz 이번 과에서 배운 내용을 바탕으로 중국어로 바꾸어 써 보세요.

1. ① 이미 도착했습니다. ▶ _____

   ② 그는 이미 떠났습니다. ▶ _____

   ③ 그는 이미 귀국했습니다. ▶ _____

   ④ 그의 몸은 이미 좋아졌습니다. ▶ _____

2. ① 서 있는 저 사람 ▶ _____

   ② 책상 위에 많은 서류가 놓여 있습니다. ▶ _____

   ③ 그는 누워서 휴대전화를 만지작거리고 있습니다. ▶ _____

   ④ 그는 서서 밥을 먹고 있습니다. ▶ _____

3 색 표현

다양한 색상명을 중국어로 알아봅시다.

빨간색	주황색	노랑색	초록색
红色 hóngsè	橘色 júsè	黄色 huángsè	绿色 lǜsè
파란색	**남색**	**보라색**	**흰색**
蓝色 lánsè	深蓝色 shēnlánsè	紫色 zǐsè	白色 báisè
검정색	**회색**	**갈색**	**분홍색**
黑色 hēisè	灰色 huīsè	棕色 zōngsè	粉红色 fěnhóngsè

4 还是

접속사 '还是'는 '또는', '아니면'이라는 의미로 두 가지 이상의 상황을 제시하고, 그중의 한 가지를 선택하는 선택의문문에 사용합니다.

是男的还是女的?
Shì nán de háishi nǚ de?

你去还是我去?
Nǐ qù háishi wǒ qù?

他是中国人还是韩国人?
Tā shì Zhōngguórén háishi Hánguórén?

学英语好还是学汉语好?
Xué Yīngyǔ hǎo háishi xué Hànyǔ hǎo?

---

3. ① 빨간색 ▶ _____ ② 노란색 ▶ _____ ③ 분홍색 ▶ _____

　 ④ 검정색 ▶ _____ ⑤ 회색 ▶ _____ ⑥ 흰색 ▶ _____

4. ① 남자인가요 아니면 여자인가요? ▶ _____ ② 그는 중국인인가요 한국인인가요? ▶ _____

　 ③ 당신이 가나요 아니면 제가 가나요? ▶ _____ ④ 영어 배우는 게 좋나요 중국어 배우는 게 좋나요? ▶ _____

종합 연습

1 녹음을 듣고 사진과 일치하면 V, 틀리면 X를 표시하세요.　🎧 07-11

(1)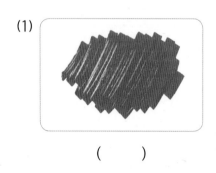

(　　)

(2)

(　　)

2 녹음을 듣고 질문에 알맞은 답을 고르세요.　🎧 07-12

(1)　A 戴眼镜　　　　　B 打领带　　　　　C 戴手表

(2)　A 穿着黑色裤子　　B 打着红色领带　　C 打着黑色领带

3 주어진 단어를 사용하여 빈칸을 채우세요.

> 보기　　可能　　眼镜　　到　　着

A가 B에게 왕 사장의 인상착의를 묻는다.

A 王经理坐的是几点的飞机?

B 三点的，已经_____了。

A 他戴_____吗?

B 戴。

A 是穿_____黑色西装的那位吗?

B 很_____是。

4 주어진 단어를 알맞은 순서로 배열하여 문장을 완성하세요.

(1) 男同事　　来　　一位　　介绍　　我的　　一下　　我　　。

    ▶ _____

(2) 戴　　他　　白色　　眼镜　　的　　着　　。

    ▶ _____

(3) 很　　喝　　一起　　我　　啤酒　　和他　　喜欢　　。

    ▶ _____

5 괄호 안의 단어를 넣어 연습한 후, 자유롭게 교체하여 대화해 보세요.

(1) A 他戴_____吗?（眼镜）

    B _____。（戴）

(2) A 是_____着_____的那位吗?（穿/黑色西装）

    B 很可能是。

(3) A _____还是_____?（男的/女的）

    B _____。（女的）

6 제시된 표현을 활용하여 다음 주제에 맞게 말해 보세요.

| 주제 | 인상착의 설명하기 – 사진 속 인물들의 인상착의를 설명해 보세요. | 상황 |

표현　戴　　穿

Wǒ de àihào

我的爱好

| 나의 취미

제 취미는 노래 부르는 거예요. 당신은요?

저는 수영하는 것을 좋아해요.

학습 목표 ☐ 취미에 대해 묻고 답할 수 있다.

학습 내용 ☐ 喜欢의 목적어 ☐ 동태조사 过 ☐ 취미 활동 ☐ 每
☐ 什么 + (명사) + 都

준비하기

STEP 1 이번 과의 주제와 관련된 단어를 따라 읽어 보세요. 🎧 08-01

chànggē

唱歌

노래하다

lǚyóu

旅游

여행하다

wán yóuxì

玩游戏

게임하다

STEP 2 이번 과의 핵심 문장을 발음과 억양에 유의하여 따라 읽어 보세요. 🎧 08-02

1 Wǒ qùguo Měiguó hé Rìběn. ☑ ☐ ☐
   我去过美国和日本。

2 Nǐ měi tiān dōu qù pǎobù ma? ☑ ☐ ☐
   你每天都去跑步吗?

3 Wǒ shénme cài dōu xǐhuan. ☑ ☐ ☐
   我什么菜都喜欢。

😊 취미 묻기

따라 읽기 1 / 2 / 3 🎧 08-03

Nǐ àihào shénme?

A 你爱好什么？

Wǒ de àihào shì chànggē, nǐ ne?

B 我的爱好是唱歌，你呢？

Wǒ xǐhuan lǚyóu.

A 我喜欢旅游。

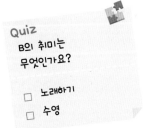

Quiz
B의 취미는
무엇인가요?

☐ 노래하기
☐ 수영

🎧 08-04

New Words · **爱好** àihào 동 애호하다 명 취미, 기호 · **唱歌** chànggē 동 노래하다 · **旅游** lǚyóu 동 여행하다

😊 취미-여행

따라 읽기 1 / 2 / 3 🎧 08-05

Nǐ xǐhuan lǚyóu ma?

A 你喜欢旅游吗？

Wǒ hěn xǐhuan lǚyóu.

B 我很喜欢旅游。

Nǐ qùguo nǎr?

A 你去过哪儿？

Wǒ qùguo Měiguó hé Rìběn.

B 我去过美国和日本。

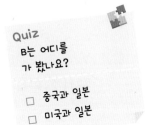

Quiz
B는 어디를
가 봤나요?

☐ 중국과 일본
☐ 미국과 일본

🎧 08-06

New Words · **过** guo 조 동사의 뒤에 놓여 과거의 경험을 나타냄

STEP 1 알맞은 대답을 골라 대화를 연습해 보세요.

1 你去过哪儿?
　　☐ 我去美国过。
　　☐ 我去过美国。

STEP 2 제시된 단어로 바꾸어 연습해 보세요. 🎧 08-07

1 我的爱好是<u>唱歌</u>，你呢?

　　看电影　　　画画　　　打高尔夫球

　　🔔 **画画** huàhuà 통 그림을 그리다 | **打** dǎ 통 치다 | **高尔夫球** gāo'ěrfūqiú 명 골프

2 你<u>去</u>过<u>哪儿</u>?

　　吃 / 什么菜　　　见 / 谁　　　做 / 什么工作

　　🔔 **做** zuò 통 하다

3 我<u>去</u>过<u>美国</u>和<u>日本</u>。

　　吃 / 韩国菜 / 中国菜　　喝 / 中国茶 / 中国酒　　学习 / 汉语 / 英语

😊 **취미-달리기**

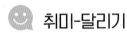 🎧 08-08

Nǐ měi tiān dōu qù pǎobù ma?
A 你每天都去跑步吗?

Měi tiān dōu qù.
B 每天都去。

Nǐ měi tiān shénme shíhou qù pǎobù?
A 你每天什么时候去跑步?

Wǒ měi tiān shàngbān qián hé xiàbān hòu dōu qù pǎobù.
B 我每天上班前和下班后都去跑步。

🎧 08-09

Quiz
B는 매일 무엇을 하나요?

☐ 신문 보기
☐ 조깅

> **New Words** ● 跑步 pǎobù 통 달리다 ● 每 měi 때 매, 각, ~마다 ● 都 dōu 튄 모두, 다

😊 **취미-미식**

따라 읽기 1 / 2 / 3 🎧 08-10

Xiàbān hòu nǐ xǐhuan zuò shénme?
A 下班后你喜欢做什么?

Wǒ xǐhuan hé péngyou yìqǐ chī fàn.
B 我喜欢和朋友一起吃饭。

Nǐ xǐhuan chī shénme cài?
A 你喜欢吃什么菜?

Wǒ shénme cài dōu xǐhuan.
B 我什么菜都喜欢。

Quiz
B는 어떤 요리를 좋아하나요?

☐ 일본 요리
☐ 다 좋아한다

🎧 08-11

> **New Words** ● 做 zuò 통 하다

회화 ② **연습**

STEP 1 알맞은 대답을 골라 대화를 연습해 보세요.

1 你喜欢吃什么菜?

☐ 我喜欢什么菜都。

☐ 我什么菜都喜欢。

STEP 2 제시된 단어로 바꾸어 연습해 보세요. 🔊 08-12

1 <u>你</u>每天都去<u>跑步</u>吗?

他 / 学习　　　她们 / 唱歌　　　你们 / 开会

2 每<u>天</u>都去。

星期　　　月　　　年

STEP 3 자신의 상황에 맞게 대답해 보세요.

1 你喜欢吃什么菜?

▶ _____

😊 퇴근 후 일상 묻기

 🎧 08-13

Xiàbān hòu nǐmen xǐhuan zuò shénme? Lǐ jīnglǐ xǐhuan qù chànggē,
下班后你们喜欢做什么？李经理喜欢去唱歌，

Gāo xiānsheng xǐhuan wǎnshang qù pǎobù, Lǐ xiǎojiě xǐhuan hé péngyou yìqǐ
高先生喜欢晚上去跑步，李小姐喜欢和朋友一起

qù lǚyóu.　　Xīngqīwǔ wǎnshang wǒmen yìqǐ qù chànggē,　xīngqīliù wǒ
去旅游。星期五晚上我们一起去唱歌，星期六我

men yìqǐ qù pǎobù,　　xīngqītiān wǒmen yìqǐ qù lǚyóu.
们一起去跑步，星期天我们一起去旅游。

💬 Speaking Training

1. 빈칸을 자유롭게 채워 말해 보세요.

下班后你们喜欢做什么？李经理喜欢_____，高
先生喜欢_____，李小姐喜欢和_____一起_____。星
期五晚上我们一起_____，星期六我们一起_____，星
期天我们一起_____。

2. 자신의 취미를 말해 보세요.

STEP 1 다음 문장과 본문 내용이 일치하면 V, 틀리면 X를 표시하고, 바르게 고쳐 말해 보세요.

1 李经理下班后喜欢去唱歌。 ☐
Lǐ jīnglǐ xiàbān hòu xǐhuan qù chànggē.

▶ _____

2 高先生喜欢早上去跑步。 ☐
Gāo xiānsheng xǐhuan zǎoshang qù pǎobù.

▶ _____

3 星期五他们一起去跑步。 ☐
Xīngqīwǔ tāmen yìqǐ qù pǎobù.

▶ _____

STEP 2 다음 질문에 답해 보세요.

1 李经理下班后喜欢做什么？
Lǐ jīnglǐ xiàbān hòu xǐhuan zuò shénme?

▶ _____

2 李小姐喜欢和谁一起去旅游？
Lǐ xiǎojiě xǐhuan hé shéi yìqǐ qù lǚyóu?

▶ _____

3 他们什么时候去旅游？
Tāmen shénme shíhou qù lǚyóu?

▶ _____

1 喜欢의 목적어

동사 '喜欢'은 목적어 자리에 '我喜欢你'처럼 명사가 오기도 하고, '동사+목적어' 구가 올 수도 있습니다.

A 你喜欢做什么?
　Nǐ xǐhuan zuò shénme?

B 我喜欢去唱歌。
　Wǒ xǐhuan qù chànggē.

A 你喜欢跑步吗?
　Nǐ xǐhuan pǎobù ma?

B 我很喜欢跑步。
　Wǒ hěn xǐhuan pǎobù.

2 동태조사 过

동태조사 '过'는 동작동사 바로 뒤에 붙어서 경험을 나타냅니다. 부정은 '没'를 사용합니다.

我去过美国。
Wǒ qùguo Měiguó.

我吃过火锅。
Wǒ chīguo huǒguō.

我没去过美国。
Wǒ méi qùguo Měiguó.

我没吃过火锅。
Wǒ méi chīguo huǒguō.

3 취미 활동

다양한 취미 활동을 중국어로 알아봅시다.

축구하다	영화를 보다	컴퓨터 게임하다
踢足球	看电影	玩电脑游戏
tī zúqiú	kàn diànyǐng	wán diànnǎo yóuxì
음악을 듣다	배드민턴을 치다	낚시를 하다
听音乐	打羽毛球	钓鱼
tīng yīnyuè	dǎ yǔmáoqiú	diàoyú

Quiz 이번 과에서 배운 내용을 바탕으로 중국어로 바꾸어 써 보세요.

1. ① A 무엇을 하는 것을 좋아하세요? ▶ ＿＿＿＿＿　② A 달리기 좋아하세요? ▶ ＿＿＿＿＿
　　 B 저는 노래 부르러 가는 것을 좋아합니다. ▶ ＿＿＿＿＿　 B 저는 달리기를 정말 좋아해요. ▶ ＿＿＿＿＿

2. ① 저는 미국에 가 본 적이 있습니다. ▶ ＿＿＿＿＿　② 저는 미국에 가 본 적이 없습니다. ▶ ＿＿＿＿＿
　 ③ 저는 훠궈를 먹어 본 적이 있습니다. ▶ ＿＿＿＿＿　④ 저는 훠궈를 먹어 본 적이 없습니다. ▶ ＿＿＿＿＿

3. ① 영화를 보다 ▶ ＿＿＿＿＿　② 음악을 듣다 ▶ ＿＿＿＿＿　③ 낚시를 하다 ▶ ＿＿＿＿＿

4 每

'每'는 '매'라는 의미로 '个', '位' 등의 양사나 '天', '星期', '年' 등의 명사와 결합하여 관형어로 사용됩니다. 뒤에 '都'를 동반하는 경우가 많습니다.

A 你每天都去跑步吗?
　Nǐ měi tiān dōu qù pǎobù ma?

B 每星期都去。
　Měi xīngqī dōu qù.

我每年都去中国。
Wǒ měi nián dōu qù Zhōngguó.

每个人都喜欢他。
Měi ge rén dōu xǐhuan tā.

5 什么+(명사)+都

'什么+(명사)+都'는 '예외 없이 모두'라는 의미를 나타냅니다. '什么' 뒤의 명사는 생략이 가능합니다.

我什么菜都喜欢。
Wǒ shénme cài dōu xǐhuan.

他什么都不喝。
Tā shénme dōu bù hē.

他什么都不做。
Tā shénme dōu bú zuò.

我什么酒都喝过。
Wǒ shénme jiǔ dōu hēguo.

4. ① A 당신은 매일 달리기 하러 가나요? ▶ _____
　　 B 매주 가요. ▶ _____

② 저는 매년 중국에 갑니다. ▶ _____

③ 모든 사람이 그를 좋아합니다. ▶ _____

5. ① 저는 어떤 요리도 다 좋아합니다. ▶ _____　② 그는 아무것도 하지 않습니다. ▶ _____

③ 그는 아무것도 마시지 않습니다. ▶ _____　④ 저는 어떤 술도 다 마셔 봤습니다. ▶ _____

1 녹음을 듣고 사진과 일치하면 V, 틀리면 X를 표시하세요. 🎧 08-14

(1)

(   )

(2)

(   )

2 녹음을 듣고 질문에 알맞은 답을 고르세요. 🎧 08-15

(1) **A** 美国和中国   **B** 中国和日本   **C** 美国和日本

(2) **A** 跑步   **B** 唱歌   **C** 旅游

3 주어진 단어를 사용하여 빈칸을 채우세요.

> 보기   都   每   和   什么时候

A와 B가 취미에 대해 이야기한다.

A 你_____天_____去跑步吗?

B 每天都去。

A 你每天_____去跑步?

B 我每天上班前_____下班后都去跑步。

4 주어진 단어를 알맞은 순서로 배열하여 문장을 완성하세요.

(1) 后　什么　你们　下班　做　喜欢　?

▶ _____

(2) 和　我　美国　过　日本　去　。

▶ _____

(3) 唱歌　的　爱好　你　我　是　呢　，　?

▶ _____

5 괄호 안의 단어를 넣어 연습한 후, 자유롭게 교체하여 대화해 보세요.

(1) A 你爱好什么?
　　B 我的爱好是_____。(唱歌)

(2) A 你去过哪儿?
　　B 我去过_____和_____。(美国/日本)

(3) A 你每_____都去_____吗?（天/跑步）
　　B 每_____都去。(天)

(4) A 你喜欢_____什么_____?（吃/菜）
　　B 我什么_____都喜欢。(菜)

6 제시된 표현을 활용하여 다음 주제에 맞게 말해 보세요.

주제　취미 말하기 - 자신과 친구의 취미에 대해 말해 보세요.

표현　喜欢　过　每……都……

Wǒ zuò dìtiě lái shàngbān.

我坐地铁来上班。

| 저는 지하철을 타고 출근합니다.

당신은 매일 어떻게 출근하세요?

저는 35번 버스를 타요.

학습 목표 ☐ 출근길 교통수단에 대해 묻고 답할 수 있다.

학습 내용 ☐ 离 ☐ 동사 + 车 ☐ 지하철과 버스 번호 읽기 ☐ 시량 표현
☐ 어림수 多

준비하기

STEP 1 이번 과의 주제와 관련된 단어를 따라 읽어 보세요. 🎧 09-01

gōnggòng qìchē
公共汽车
버스

zìxíngchē
自行车
자전거

dìtiě
地铁
지하철

STEP 2 이번 과의 핵심 문장을 발음과 억양에 유의하여 따라 읽어 보세요. 🎧 09-02

1 Nǐ měi tiān zěnme lái shàngbān? ☑ ☐ ☐
你每天怎么来上班?

2 Wǒ de jiā lí gōngsī hěn yuǎn. ☑ ☐ ☐
我的家离公司很远。

3 Zuò gōnggòng qìchē yào duō cháng ☑ ☐ ☐
shíjiān?
坐公共汽车要多长时间?

😊 **출근길 교통수단 묻기 (1)** 따라 읽기 1 / 2 / 3 🎧 09-03

Nǐ měi tiān zěnme lái shàngbān?
A 你每天怎么来上班？

Wǒ de jiā lí gōngsī hěn jìn, wǒ měi tiān zǒulù shàngbān, nǐ ne?
B 我的家离公司很近，我每天走路上班，你呢？

Wǒ de jiā lí gōngsī hěn yuǎn,
A 我的家离公司很远，

wǒ měi tiān kāichē shàngbān.
我每天开车上班。

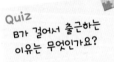
Quiz
B가 걸어서 출근하는
이유는 무엇인가요?

☐ 가까워서
☐ 운동하기 위해서

🎧 09-04

New Words • 家 jiā 몡 집, 가정 • 离 lí 통 떨어지다, 거리를 두다 • 近 jìn 휑 가깝다 • 路 lù 몡 길, 도로
• 远 yuǎn 휑 멀다 • 开车 kāichē 통 운전하다

😊 **출근길 교통수단 묻기 (2)** 따라 읽기 1 / 2 / 3 🎧 09-05

Nǐ měi tiān zěnme lái shàngbān?
A 你每天怎么来上班？

Wǒ zuò sānshíwǔ lù gōnggòng qìchē.
B 我坐35路公共汽车。

Zuò gōnggòng qìchē yào duō cháng shíjiān?
A 坐公共汽车要多长时间？

Yí ge duō xiǎoshí.
B 一个多小时。

Quiz
B는 버스를 얼마나
타나요?

☐ 1시간 이하
☐ 1시간 이상

🎧 09-06

New Words • 路 lù 양 버스의 노선을 나타냄 • 公共汽车 gōnggòng qìchē 몡 버스 • 要 yào 통 필요하다,
바라다 • 多 duō 주 ~남짓, ~여 • 时间 shíjiān 몡 시간 • 小时 xiǎoshí 몡 시간(단위)

STEP **1**　알맞은 대답을 골라 대화를 연습해 보세요.

1 坐公共汽车要多长时间?

☐ 一多个小时。

☐ 一个多小时。

STEP **2**　제시된 단어로 바꾸어 연습해 보세요.　🔊 09-07

1 我每天<u>走路</u>上班。

> 开车　　　　坐公共汽车　　　　坐地铁

2 <u>我的家离公司很近</u>。

> 超市 / 他家 / 很远　我的办公室 / 这儿 / 不远　医院 / 学校 / 不太远

3 <u>坐公共汽车要十多小时</u>。

> 坐火车 / 五十 / 分钟　　开车 / 三 / 天　　骑自行车 / 三十多 / 秒

🔔 秒 miǎo 명 초

😊 출근길 교통수단 묻기 (3)

따라 읽기
1 / 2 / 3　🎧 09-08

Nǐ měi tiān zěnme lái shàngbān?
A 你每天怎么来上班?

Wǒ měi tiān zuò dìtiě lái shàngbān, nǐ ne?
B 我每天坐地铁来上班，你呢?

Dìtiě suīrán hěn kuài,　　dànshì rén tài duō le.
A 地铁虽然很快，但是人太多了。

Wǒ kāichē lái shàngbān.
我开车来上班。

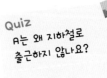

Quiz
A는 왜 지하철로
출근하지 않나요?

☐ 느려서
☐ 사람이 많아서

🎧 09-09

New Words ● 快 kuài 형 빠르다 ● 多 duō 형 많다

😊 출근길 교통수단 묻기 (4)

따라 읽기
1 / 2 / 3　🎧 09-10

Nǐ měi tiān zěnme lái shàngbān?
A 你每天怎么来上班?

Wǒ zuò dìtiě
B 我坐地铁。

Yào zuò duōshao zhàn?
A 要坐多少站?

Quiz
B의 집에서 회사까지
지하철몇 정거장인가요?

☐ 한 정거장
☐ 다섯 정거장

Wǔ zhàn.
B 五站。

🎧 09-11

New Words ● 要 yào 조동 ~해야 한다 ● 站 zhàn 명 역

STEP 1 알맞은 대답을 골라 대화를 연습해 보세요.

1 要坐多少站?

☐ 五个多小时。

☐ 五站。

STEP 2 제시된 단어로 바꾸어 연습해 보세요. 🎧 09-12

1 <u>地铁</u>虽然很<u>快</u>,但是<u>人太多了</u>。

飞机 / 方便 / 很贵　　他 / 瘦 / 力气很大　　这道菜 / 辣 / 很好吃

2 要<u>坐多少站</u>?

开 / 几个 / 小时　　跑 / 多少 / 分钟　　走 / 几 / 天

STEP 3 자신의 상황에 맞게 대답해 보세요.

1 你每天怎么来上课?

▶ _____

😊 **출근길 교통수단에 대해 말하기**

 09-13

Nǐmen měi tiān zěnme qù shàngbān? Lǐ Hǎo de jiā lí gōngsī hěn jìn,
你们每天怎么去上班？李好的家离公司很近，

tā měi tiān zǒulù shàngbān, yào zǒu shí fēnzhōng. Wǒ jiā lí gōngsī hěn yuǎn,
她每天走路上班，要走十分钟。我家离公司很远，

wǒ zuò dìtiě shàngbān, yào zuò shí zhàn. Dìtiě suīrán hěn kuài, dànshì
我坐地铁上班，要坐十站。地铁虽然很快，但是

rén tài duō le. Lǐ jīnglǐ de jiā yě hěn yuǎn, tā kāichē shàngbān, yào
人太多了。李经理的家也很远，他开车上班，要

kāi yí ge xiǎoshí. Zhāng Yíng de jiā bú tài yuǎn, tā měi tiān zuò gōnggòng qìchē
开一个小时。张迎的家不太远，她每天坐公共汽车

shàngbān yào zuò bàn ge xiǎoshí.
上班要坐半个小时。

💬 Speaking Training

1. 빈칸을 자유롭게 채워 말해 보세요.

   你们每天怎么去上班？ _____的家离公司很
   _____，她每天_____上班，要_____分钟。我家离公
   司很_____，我_____上班，要_____站。

2. 가장 선호하는 교통수단에 대해 말해 보세요.

🎧 09-14

New Words | 分钟 fēnzhōng 몡 분

STEP 1 다음 문장과 본문 내용이 일치하면 V, 틀리면 X를 표시하고, 바르게 고쳐 말해 보세요.

1 李好的家离公司很远。 ☐
Lǐ Hǎo de jiā lí gōngsī hěn yuǎn.

▶ _____

2 李经理每天开车上班。 ☐
Lǐ jīnglǐ měi tiān kāichē shàngbān.

▶ _____

3 张迎上班要坐一个小时的地铁。 ☐
Zhāng Yíng shàngbān yào zuò yí ge xiǎoshí de dìtiě.

▶ _____

STEP 2 다음 질문에 답해 보세요.

1 李好每天怎么去上班?
Lǐ Hǎo měi tiān zěnme qù shàngbān?

▶ _____

2 李经理开车上班,要开几个小时?
Lǐ jīnglǐ kāichē shàngbān, yào kāi jǐ ge xiǎoshí?

▶ _____

3 张迎是坐地铁上班还是坐公共汽车上班?
Zhāng Yíng shì zuò dìtiě shàngbān háishi zuò gōnggòng qìchē shàngbān?

▶ _____

정리하기

1 离

'离'는 '거리' 혹은 '시간'이 어떤 기준점으로부터 떨어져 있음을 나타냅니다.

我的家离公司很近。
Wǒ de jiā lí gōngsī hěn jìn.

饭店离公司很近。
Fàndiàn lí gōngsī hěn jìn.

离圣诞节还远。
Lí Shèngdàn Jié hái yuǎn.

离出发时间还有一个小时。
Lí chūfā shíjiān hái yǒu yí ge xiǎoshí.

2 동사 + 车

탈것을 나타내는 '车'는 앞에 오는 동사에 따라 각기 다른 대상을 나타냅니다. '坐车'는 자동차처럼 좌석에 앉는 경우를, '骑车'는 자전거처럼 다리를 벌리고 타는 것을 의미합니다. 손으로 하는 동작을 나타내는 동사 '打'를 사용한 '打车'는 택시를 잡는 것을 의미합니다.

我坐飞机去，他坐火车去。
Wǒ zuò fēijī qù, tā zuò huǒchē qù.

还是打车去吧。
Háishi dǎ chē qù ba.

打车软件哪个好?
Dǎ chē ruǎnjiàn nǎge hǎo?

你会骑自行车吗?
Nǐ huì qí zìxíngchē ma?

3 지하철과 버스 번호 읽기

중국에서 버스는 '路'로 지하철은 '号线'으로 표현하며, 세 자리 이상의 숫자는 하나씩 읽습니다.

A 去地铁站要坐几路车?
Qù dìtiězhàn yào zuò jǐ lù chē?

B 坐七七七路车。
Zuò qī qī qī lù chē.

A 你坐几号线?
Nǐ zuò jǐ hào xiàn?

B 我坐三号线。
Wǒ zuò sān hào xiàn.

Quiz 이번 과에서 배운 내용을 바탕으로 중국어로 바꾸어 써 보세요.

1. ① 저희 집은 회사에서 매우 가깝습니다. ▶ _____
   ② 호텔은 회사에서 매우 가깝습니다. ▶ _____
   ③ 크리스마스까지는 아직 멀었습니다. ▶ _____
   ④ 출발 시간까지는 아직 한 시간 남았습니다. ▶ _____

2. ① 저는 비행기를 타고 가고, 그는 기차를 타고 갑니다. ▶ _____
   ② 그냥 택시 타고 가죠. ▶ _____
   ③ 택시 앱은 어떤 게 좋나요? ▶ _____
   ④ 당신은 자전거를 탈 수 있나요? ▶ _____

3. ① A 지하철역에 가려면 몇 번 버스를 타야 하나요? ▶ _____
      B 777번을 타세요. ▶ _____
   ② A 몇 호선을 타세요? ▶ _____
      B 저는 3호선을 탑니다. ▶ _____

4 시량 표현

시간의 양은 다음과 같이 표현합니다. 분은 '分钟', 시간은 '小时', 주는 '星期', 날은 '天', 월은 '月', 년은 '年'을 사용하며, '小时', '星期', '月' 앞에는 양사 '个'가 옵니다.

十分钟
shí fēnzhōng

两个小时
liǎng ge xiǎoshí

三个星期
sān ge xīngqī

四天
sì tiān

五个月
wǔ ge yuè

六年
liù nián

시간이 어느 정도 걸리는지 표현할 때는 '필요하다'는 의미의 동사 '要'를 사용합니다. 의문 문을 구성할 때 시간의 양을 물어보는 의문사는 '多长时间'과 '多久' 등이 있습니다.

A 坐公共汽车要多长时间?
Zuò gōnggòng qìchē yào duō cháng shíjiān?

A 到那儿要多久?
Dào nàr yào duō jiǔ?

B 要两个小时。
Yào liǎng ge xiǎoshí.

B 要三十分钟。
Yào sānshí fēnzhōng.

5 어림수 多

'多'는 앞의 수사가 나타내는 수보다 약간 많음을 표시합니다. 끝자리가 0인 수의 경우 '多' 는 양사 앞에 위치하고, 끝자리 수가 1~9인 경우 '多'는 양사 뒤에 위치합니다.

二十多个(人)
èrshí duōge (rén)

五百多斤(米)
wǔbǎi duō jīn (mǐ)

三个多月
sān ge duōyuè

五斤多苹果
wǔ jīn duō píngguǒ

---

4. ① 10분 ▶ _____   ② 2시간 ▶ _____   ③ 3주 ▶ _____

④ 4일 ▶ _____   ⑤ 5개월 ▶ _____   ⑥ 6년 ▶ _____

⑦ A 버스를 타고 얼마나 걸리나요? ▶ _____   ⑧ A 그곳까지 얼마나 걸리나요? ▶ _____

  B 두 시간 걸려요. ▶ _____   B 30분 걸려요. ▶ _____

5. ① 20여 명의 사람 ▶ _____   ② 500여 근의 쌀 ▶ _____

③ 3개월 여 ▶ _____   ④ 5근 남짓의 사과 ▶ _____

종합 연습

1 녹음을 듣고 사진과 일치하면 V, 틀리면 X를 표시하세요.　🎧 09-15

(1)

(　　　)

(2)

(　　　)

2 녹음을 듣고 질문에 알맞은 답을 고르세요.　🎧 09-16

(1) **A** 坐地铁　　　**B** 走路　　　**C** 坐公共汽车

(2) **A** 女的　　　**B** 男的　　　**C** 不知道

3 주어진 단어를 사용하여 빈칸을 채우세요.

> 보기　怎么　　多少　　地铁　　要

A와 B가 출근길 교통수단에 대해 이야기한다.

A 你每天_____来上班?

B 我坐_____。

A _____坐_____站?

B 五站。

4 주어진 단어를 알맞은 순서로 배열하여 문장을 완성하세요.

(1) 你　　怎么　　上班　　来　　每天　　?

　　▶ _____

(2) 很　　家　　我　　离　　远　　公司　　。

　　▶ _____

(3) 公共汽车　　坐　　35　　我　　路　　。

　　▶ _____

5 괄호 안의 단어를 넣어 연습한 후, 자유롭게 교체하여 대화해 보세요.

(1) **A** 你每天怎么来上班?

　　B 我每天_____来上班，你呢?（坐地铁）

　　A _____虽然_____，但是_____。我_____来上班。
　　（地铁/很快/人太多了/开车）

(2) **A** _____离_____很_____，你呢?（我的家/公司/近）

　　B _____离_____很_____。（我的家/公司/远）

(3) **A** 坐_____要多长时间?（公共汽车）

　　B _____。（一个多小时）

6 제시된 표현을 활용하여 다음 주제에 맞게 말해 보세요.

[주제] 교통수단에 대해 말하기 – 자신과 친구가 자주 이용하는 교통수단에 대해
말해 보세요.(소요시간, 장단점)

[표현] 站　　路　　小时　　分钟　　离

Wǒmen gōngsī zài CBD.

我们公司在CBD。

| 우리 회사는 CBD에 있습니다.

왕 사장님 회사는 어디에 있나요?

저희 회사는 CBD의 창위안 비즈니스센터 25층이에요.

학습 목표 ☐ 위치를 구제적으로 표현할 수 있다.

학습 내용 ☐ 중국의 주소 체계 ☐ 방위사 东, 西, 南, 北 ☐ 중앙상업지구 CBD

STEP 1 이번 과의 주제와 관련된 단어를 따라 읽어 보세요. 🎧 10-01

dōng	xī	nán	běi
东	西	南	北
동	서	남	북

STEP 2 이번 과의 핵심 문장을 발음과 억양에 유의하여 따라 읽어 보세요. 🎧 10-02

1️⃣ Wǒmen gōngsī zài CBD de Chángyuǎn Shāngwù Zhōngxīn èrshíwǔ céng. ☑ ☐ ☐
我们公司在CBD的长远商务中心25层。

2️⃣ Shì zài dìtiězhàn de dōngbian ma? ☑ ☐ ☐
是在地铁站的东边吗?

3️⃣ Lóu de dōngbian yǒu yí ge dìtiězhàn, xībian yǒu yí ge chāoshì. ☑ ☐ ☐
楼的东边有一个地铁站，西边有一个超市。

학교 위치 묻기

Qǐngwèn, nǐmen xuéxiào zài nǎr?

A 请问，你们学校在哪儿？

Wǒmen xuéxiào zài CBD.

B 我们学校在CBD。

Lí zhèr yuǎn ma?

A 离这儿远吗？

Bù yuǎn, zǒulù yào shí fēnzhōng.

B 不远，走路要十分钟。

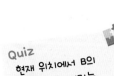

Quiz
현재 위치에서 B의
학교까지의 거리는
어떤가요?

☐ 멀다
☐ 가깝다

🎧 10-04

> **New Words** • 学校 xuéxiào 몡 학교

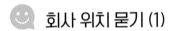 **회사 위치 묻기 (1)**

🎧 10-05

Lǐ jīnglǐ, nǐmen gōngsī zài nǎr?

A 李经理，你们公司在哪儿？

Wǒmen gōngsī zài Běijīnglù shíwǔ hào de Guìpéng Shāngwù Zhōngxīn.

B 我们公司在北京路15号的贵朋商务中心。

Shì zài Běijīngzhàn de xībian ma?

A 是在北京站的西边吗？

Shì de, shì zài Běijīngzhàn de xībian.

B 是的，是在北京站的西边。

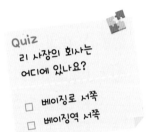

Quiz
리 사장의 회사는
어디에 있나요?

☐ 베이징로 서쪽
☐ 베이징역 서쪽

🎧 10-06

> **New Words** • 商务 shāngwù 몡 상업상의 업무, 비즈니스 • 中心 zhōngxīn 몡 센터 • 西 xī 몡 서쪽

STEP 1　알맞은 대답을 골라 대화를 연습해 보세요.

1　是在北京站的西边吗?
　　☐ 是的。
　　☐ 不在。

STEP 2　제시된 단어로 바꾸어 연습해 보세요.　　🎧 10-07

1　请问，你们学校在哪儿?

　　地铁站　　　银行　　　医院

2　我们公司在北京路15号。

　　友多超市 / 西四 / 32　第一医院 / 京南 / 189　他们学校 / 颐和园 / 5

3　是在北京站的西边。

　　超市 / 东　　　银行 / 南　　　医院 / 北

회사 위치 묻기 (2)

따라 읽기 1 / 2 / 3  🎧 10-08

Gāo jīnglǐ,　nǐmen gōngsī zài nǎr?
A 高经理，你们公司在哪儿？

Wǒmen zài Sānyǒu Shāngyè Zhōngxīn shíliù céng.
B 我们在三友商业中心16层。

Shì zài CBD ma?
A 是在CBD吗？

Bú shì, wǒmen gōngsī zài Wǔlùqiáo nánbian de Sānyǒu Shāngyè Zhōngxīn.
B 不是，我们公司在五路桥南边的三友商业中心。

Wǔlùqiáo nán,　Sānyǒu Shāngyè Zhōngxīn, xièxie,　xiàwǔ jiàn.
A 五路桥南，三友商业中心，谢谢，下午见。

Hǎo de,　xiàwǔ jiàn.
B 好的，下午见。

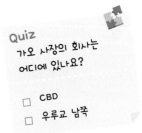

Quiz
가오 사장의 회사는 어디에 있나요?

☐ CBD
☐ 우루교 남쪽

🎧 10-09

 New Words ・商业 shāngyè 몡 상업 ・桥 qiáo 몡 다리 ・南 nán 몡 남쪽

회화 ② 연습

STEP 1 제시된 단어로 바꾸어 연습해 보세요.   🎧 10-10

1 我们在三友<u>商业</u>中心<u>16</u>层。

> 购物 / 2   医疗 / 19   维修 / 25

🔔 **购物** gòuwù 동 물건을 구입하다, 쇼핑하다 | **医疗** yīliáo 명 의료 | **维修** wéixiū 동 수리하다

2 <u>我们公司</u>在<u>五路桥南边的三友商业中心</u>。

> 他们学校 / 天坛公园附近的大学城
> 我家 / 三元桥东边的小区
> 他的公司 / CBD西边的商务中心

🔔 **天坛公园** Tiāntán Gōngyuán 고유 천단공원 | **附近** fùjìn 명 부근, 근처 | **大学城** dàxuéchéng 명 대학가 |
三元桥 Sānyuánqiáo 고유 삼원교 | **小区** xiǎoqū 명 단지, 동네

STEP 2 자신의 상황에 맞게 대답해 보세요.

1 你家在哪儿?

▶ _____

2 你家离这儿远吗?

▶ _____

단문

😊 **주변 환경 설명하기**

Wǒmen gōngsī zài CBD de Gāoyuǎn Shāngwù Zhōngxīn. Lóu de dōng
我们公司在CBD的高远商务中心。楼的东

bian yǒu yí ge dìtiězhàn,　　xībian yǒu yí ge chāoshì,　　nánbian yǒu yí
边有一个地铁站，西边有一个超市，南边有一

ge yīyuàn,　　běibian yǒu yí ge xuéxiào. Wǒ měi tiān zuò dìtiě lái shàngbān,
个医院，北边有一个学校。我每天坐地铁来上班，

xiàbān hòu qù xuéxí Hànyǔ.
下班后去学习汉语。

💬 **Speaking Training**

1. 빈칸을 자유롭게 채워 말해 보세요.

　　我们公司在＿＿＿＿。楼的东边有一个＿＿＿＿，
西边有一个＿＿＿＿，南边有一个＿＿＿＿，北边有一个
＿＿＿＿。

2. 건물 주변에 어떤 시설이 있는지 말해 보세요.

🎧 10-12

 New Words • 楼 lóu 몡 빌딩, 건물

단문 연습

STEP 1 다음 문장과 본문 내용이 일치하면 V, 틀리면 X를 표시하고, 바르게 고쳐 말해 보세요.

1 她们公司在CBD。 ☐
Tāmen gōngsī zài CBD.

▶ _____

2 她们公司的西边有一个医院。 ☐
Tāmen gōngsī de xībian yǒu yí ge yīyuàn.

▶ _____

3 她下班后去学习英语。 ☐
Tā xiàbān hòu qù xuéxí Yīngyǔ.

▶ _____

STEP 2 다음 질문에 답해 보세요.

1 她们公司在哪儿?
Tāmen gōngsī zài nǎr?

▶ _____

2 她们公司周围有什么?
Tāmen gōngsī zhōuwéi yǒu shénme?

▶ _____

(((🔔))) 周围 zhōuwéi 명 주위

3 她每天怎么来上班?
Tā měi tiān zěnme lái shàngbān?

▶ _____

1 중국의 주소 체계

중국의 주소는 일반적으로 '○○省○○市○○区○○路○○号(성-시-구-로-호)'의 순서로 우리나라와 같이 큰 것에서 작은 것의 순서로 말합니다. 단, 베이징과 상하이 등 직할시는 '省' 없이 '市'부터 씁니다.

我的学校在北京市海淀区颐和园路5号。
Wǒ de xuéxiào zài Běijīngshì Hǎidiànqū Yíhéyuánlù wǔ hào.

我家在山东省青岛市市北区中山路19号。
Wǒ jiā zài Shāndōngshěng Qīngdǎoshì Shìběiqū Zhōngshānlù shíjiǔ hào.

我们公司在北京路15号的贵朋商务中心。
Wǒmen gōngsī zài Běijīnglù shíwǔ hào de Guìpéng Shāngwù Zhōngxīn.

省 shěng 명 성[중국의 최상급 지방 행정 단위] | 市 shì 명 시[행정 구역 단위] | 区 qū 명 구[행정 구역 단위]

2 방위사 东, 西, 南, 北

절대적 방위를 나타내는 동서남북은 보통 '东', '西', '南', '北' 뒤에 '边'을 붙여서 '东边', '西边', '南边', '北边'으로 나타냅니다.

	东	西	南	北
边	东边 dōngbian	西边 xībian	南边 nánbian	北边 běibian

是在地铁站的东边吗?
Shì zài dìtiězhàn de dōngbian ma?

是在北京站的西边。
Shì zài Běijīngzhàn de xībian.

中国的最南边是什么地方?
Zhōngguó de zuì nánbian shì shénme dìfang?

为什么北京的北边比南边要发达?
Wèishéme Běijīng de běibian bǐ nánbian yào fādá?

Quiz
이번 과에서 배운 내용을 바탕으로 중국어로 바꾸어 써 보세요.

1. ① 우리 학교는 북경시 해전구 이화원로 5호에 있습니다. ▶ _____

② 우리 집은 산동성 청도시 시북구 중산로 19호입니다. ▶ _____

③ 우리 회사는 베이징로 15호의 구이펑 비즈니스센터에 있습니다. ▶ _____

2. ① 지하철역의 동쪽에 있나요? ▶ _____ ② 베이징역의 서쪽에 있습니다. ▶ _____

③ 중국의 최남단은 어디인가요? ▶ _____ ④ 왜 베이징의 북쪽이 남쪽보다 발달했나요? ▶ _____

3 중앙상업지구 CBD

CBD(Central Business District)는 중앙상업지구로 한 국가나 도시 안에 주요 상업활동이 활발한 곳을 지칭합니다. 호텔 및 세계 각국의 유명 회사가 모여 있어 도시의 중심지 역할을 합니다. 중국의 세계급 CBD는 홍콩에 있으며, 국가급 CBD는 각각 베이징과 상하이에 있습니다.

香港中环CBD
Xiānggǎng Zhōnghuán
CBD

北京CBD
Běijīng CBD

上海陆家嘴CBD
Shànghǎi Lùjiāzuǐ CBD

3. [중국의 세계급 CBD 지명] ▶ _____

[중국의 국가급 CBD 지명] ▶ _____

종합 연습

1 녹음을 듣고 사진과 일치하면 V, 틀리면 X를 표시하세요.   🎧 10-13

(1)
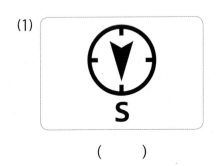

(   )

(2)

(   )

2 녹음을 듣고 질문에 알맞은 답을 고르세요.   🎧 10-14

(1) **A** 长远商务中心23层   **B** 长远商务中心24层   **C** 长远商务中心25层

(2) **A** CBD的北边   **B** CBD的东边   **C** CBD的南边

3 주어진 단어를 사용하여 빈칸을 채우세요.

> **보기**   哪儿   中心   不是   南边

A와 B의 회사 위치를 묻는다.

A 高经理，你们公司在_____?

B 我们在三友商业中心16层。

A 是在CBD吗?

B _____，我们公司在五路桥_____的三友商业_____。

A 五路桥南，三友商业中心，谢谢，下午见。

B 好的，下午见。

4 주어진 단어를 알맞은 순서로 배열하여 문장을 완성하세요.

(1) 后 每天 我 坐地铁 上班 下班 去学习汉语 来 ， 。

　　▶ _____

(2) 北京路 我们公司 在 贵朋商务中心 的 15号 。

　　▶ _____

(3) 地铁站 的 有 一个 东边 楼 。

　　▶ _____

5 괄호 안의 단어를 넣어 연습한 후, 자유롭게 교체하여 대화해 보세요.

(1) **A** 请问，_____在哪儿?（你们学校）

　　B _____在_____。（我们学校/CBD）

(2) _____的东边有一个_____，西边有一个_____。（楼/地铁站/超市）

6 제시된 표현을 활용하여 다음 주제와 상황에 맞게 말해 보세요.

Míngtiān shì qíng tiān.

明天是晴天。

| 내일은 날씨가 맑다.

내일 날씨는 어때요?

내일은 맑은 날씨입니다.

학습 목표 □ 날씨에 대해 묻고 답할 수 있다.

학습 내용 □ 날씨 표현 □ 조동사 会 (1) □ 比 비교문 □ 有/没有 비교문

STEP 1 이번 과의 주제와 관련된 단어를 따라 읽어 보세요. 🎧 11-01

qíng	yīn	xià yǔ	xià xuě
晴	阴	下雨	下雪
맑다	흐리다	비가 내리다	눈이 내리다

STEP 2 이번 과의 핵심 문장을 발음과 억양에 유의하여 따라 읽어 보세요. 🎧 11-02

1 Bàozhǐ shang shuō jīntiān huì xià yǔ. ☑ ☐ ☐
报纸上说今天会下雨。

2 Zuì dī wēndù shì líng xià sān dù. ☑ ☐ ☐
最低温度是零下三度。

3 Bǐ zuótiān lěng. ☑ ☐ ☐
比昨天冷。

😊 **날씨 묻기**

 🎧 11-03

Míngtiān tiānqì zěnmeyàng?
A 明天天气怎么样?

Míngtiān shì qíng tiān.
B 明天是晴天。

Quiz
내일 날씨는
어떤가요?

☐ 맑다
☐ 흐리다

🎧 11-04

> **New Words** • 晴 qíng 혱 맑다, 개어 있다

😊 **날씨 예측하기**

 🎧 11-05

Jīntiān shì yīn tiān,　yíhuìr huì xià yǔ ma?
A 今天是阴天，一会儿会下雨吗?

Bàozhǐ shang shuō jīntiān huì xià yǔ.
B 报纸上说今天会下雨。

Zuótiān xià yǔ le,　jīntiān kěnéng bú huì xià yǔ ba.
A 昨天下雨了，今天可能不会下雨吧。

Xià yǔ yě méi guānxi,　wǒ dài sǎn le.
B 下雨也没关系，我带伞了。

Quiz
신문에서 오늘 날씨는
어떻다고 했나요?

☐ 비가 올 것이다
☐ 맑을 것이다

🎧 11-06

> **New Words** • 阴 yīn 혱 흐리다 • 一会儿 yíhuìr 곧, 잠깐 사이 • 会 huì 조동 ~할 것이다 • 下雨 xià yǔ 비가 내리다 • 报纸 bàozhǐ 몡 신문 • 说 shuō 동 말하다 • 昨天 zuótiān 몡 어제 • 带 dài 동 지니다 • 伞 sǎn 몡 우산

회화 ① 연습

STEP 1 제시된 단어로 바꾸어 연습해 보세요. 🎧 11-07

1 A 明天天气怎么样?

B 明天是晴天。

| 今天 / 阴天 | 后天 / 雨天 | 下周 / 刮风天 |

🔔 刮风 guā fēng 바람이 불다

2 一会儿会下雨吗?

| 雪 | 雾 | 大雨 |

🔔 雪 xuě 명 눈 | 雾 wù 명 안개

3 我带伞了。

| 西装 | 报纸 | 文件 |

STEP 2 실제 상황에 맞게 대답해 보세요.

1 明天天气怎么样?

▶ _____

🙂 온도 묻기

따라 읽기 1 / 2 / 3 🎧 11-08

Bàozhǐ shang shuō jīntiān tiānqì zěnmeyàng?
A 报纸上说今天天气怎么样?

Qíng tiān, dànshì huì guā fēng.
B 晴天,但是会刮风。

Jīntiān zhēn lěng, zuì gāo wēndù shì duōshao?
A 今天真冷,最高温度是多少?

Wǔ dù, zuì dī wēndù shì líng xià sān dù.
B 五度,最低温度是零下三度。

Bǐ zuótiān lěng.
A 比昨天冷。

Shì, zuìjìn tài lěng le.
B 是,最近太冷了。

Quiz
오늘의 최저 온도는
몇 도인가요?

☐ 영하 5도
☐ 영하 3도

🎧 11-09

> **New Words** • 刮 guā 图 불다 • 风 fēng 圆 바람 • 最 zuì 图 가장, 제일 • 高 gāo 圈 높다 • 温度 wēndù 圆 온도 • 度 dù 圆 (온도, 밀도, 경도 따위의) 도 • 低 dī 圈 낮다 • 比 bǐ 껜 ~보다

STEP 1 제시된 단어로 바꾸어 연습해 보세요. 🎧 11-10

1 <u>今天</u>比<u>昨天</u><u>冷</u>。

今天的温度 / 明天 / 低　　地铁 / 开车 / 快　　我 / 他 / 高

2 <u>今天</u>没有<u>昨天</u><u>冷</u>。

明天的温度 / 今天 / 低　　开车 / 地铁 / 快　　他 / 我 / 高

3 最近太<u>冷</u>了。

热　　　潮湿　　　干燥

🔔 **潮湿** cháoshī 형 습하다, 축축하다 | **干燥** gānzào 형 건조하다

STEP 2 실제 상황에 맞게 대답해 보세요.

1 报纸上说今天天气怎么样?

▶ _____

2 今天最高温度是多少?

▶ _____

😊 **날씨 설명하기**

Jīntiān shàngwǔ shì yīn tiān, xiàwǔ kěnéng huì xià yǔ. Bàozhǐ shang

今天上午是阴天，下午可能会下雨。报纸上

shuō, míngtiān shì qíng tiān, huì guā fēng, wēndù méiyǒu jīntiān gāo. Lǐ

说，明天是晴天，会刮风，温度没有今天高。李

jīnglǐ hěn xǐhuan Běijīng xià yǔ de tiānqì, wēndù bù gāo, bǐ Hánguó

经理很喜欢北京下雨的天气，温度不高，比韩国

lěng. Wǒ bù xǐhuan xià yǔ, xià yǔ de tiānqì wēndù bǐ qíng tiān dī,

冷。我不喜欢下雨，下雨的天气温度比晴天低，

yǒudiǎnr lěng.

有点儿冷。

💬 **Speaking Training**

1. 빈칸을 자유롭게 채워 말해 보세요.

今天上午是_____，下午可能会_____。报纸上
说，明天是_____，会_____，温度没有今天_____。
李经理很喜欢北京下雨的天气，温度不高，比韩国
冷。我不喜欢_____，_____的天气温度比_____，有
点儿_____。

2. 자신이 좋아하는 날씨에 대해 말해 보세요.

🎧 11-12

New Words · 没有 méiyǒu 통 ~만 못하다, ~에 못 미치다

단문 **연습**

STEP 1 다음 문장과 본문 내용이 일치하면 V, 틀리면 X를 표시하고, 바르게 고쳐 말해 보세요.

1 今天下午可能会下雨。 ☐

Jīntiān xiàwǔ kěnéng huì xià yǔ.

▶ _____

2 报纸上说，明天是阴天，会刮风，温度没有今天高。 ☐

Bàozhǐ shang shuō, míngtiān shì yīn tiān, huì guā fēng wēndù méiyǒu jīntiān gāo.

▶ _____

3 下雨的天气温度比晴天高，有点儿热。 ☐

Xià yǔ de tiānqì wēndù bǐ qíng tiān gāo, yǒudiǎnr rè.

▶ _____

STEP 2 다음 질문에 답해 보세요.

1 今天天气怎么样?

Jīntiān tiānqì zěnmeyàng?

▶ _____

2 李经理为什么喜欢北京下雨的天气?

Lǐ jīnglǐ wèishénme xǐhuan Běijīng xià yǔ de tiānqì?

▶ _____

3 她为什么不喜欢下雨?

Tā wèishéme bù xǐhuan xià yǔ?

▶ _____

정리하기

1 날씨 표현

날씨에 자주 등장하는 비, 눈과 바람은 각각 '雨', '雪'와 '风'입니다. 비와 눈에는 동사 '下', 바람에는 '刮'를 사용합니다. 한국어에서 비, 눈과 바람의 정도를 말할 때는 '많다', '적다'로 표현하지만 중국어에서는 '大'와 '小'로 표현합니다.

맑다	흐리다	비가 내리다	눈이 내리다
晴	阴	下雨	下雪
qíng	yīn	xià yǔ	xià xuě

소나기가 내리다	바람이 불다	최고 온도	최저 온도
下阵雨	刮风	最高温度	最低温度
xià zhènyǔ	guā fēng	zuì gāo wēndù	zuì dī wēndù

昨天下雨了。
Zuótiān xià yǔ le.

今晚刮大风。
Jīn wǎn guā dà fēng.

我们这儿下大雪了。
Wǒmen zhèr xià dà xuě le.

听说明天晴天。
Tīngshuō míngtiān qíng tiān.

2 조동사 会 (1)

조동사 '会'는 습득한 기능을 나타내는 것 외에 미래 사실에 대한 추측도 나타냅니다.

报纸上说今天会下雨。
Bàozhǐ shang shuō jīntiān huì xià yǔ.

明天他不会来。
Míngtiān tā bu huì lái.

Quiz
이번 과에서 배운 내용을 바탕으로 중국어로 바꾸어 써 보세요.

1. ① 어제는 비가 내렸다. ▶ _____
   ② 오늘 밤에는 바람이 많이 봅니다. ▶ _____
   ③ 우리가 있는 곳은 눈이 많이 내렸다. ▶ _____
   ④ 듣기로는 내일 날씨가 맑다고 합니다. ▶ _____

2. ① 신문에서 오늘 비가 온다고 합니다. ▶ _____
   ② 내일 그는 오지 않을 겁니다. ▶ _____

3 比 비교문

'比' 비교문은 보통 '주어 + 比 + 비교 대상 + 비교 내용'의 구조를 갖습니다. 비교 내용 앞에 비교 내용을 나타내는 부사 '更', '还', '还要'를 사용할 수 있습니다.

今天比昨天冷。
Jīntiān bǐ zuótiān lěng.

今天比昨天更冷。
Jīntiān bǐ zuótiān gèng lěng.

今天比昨天冷一点。
Jīntiān bǐ zuótiān lěng yìdiǎn.

我比他高。
Wǒ bǐ tā gāo.

我比他还要高。
Wǒ bǐ tā hái yào gāo.

我比他高10厘米。
Wǒ bǐ tā gāo shí límǐ.

🔔 厘米 límǐ 몡 센티미터(cm)

4 有/没有 비교문

'有' 비교문은 보통 '주어 + 有 + 비교 대상 + (这么/那么) + 비교 내용'의 구조를 가지며, '(주어)는 (비교 대상)만큼 ~하다'는 뜻을 나타냅니다. 부정형은 '没有'를 사용해서 주어가 비교 내용에서 비교 대상에 이르지 못함을 나타냅니다.

妹妹有姐姐漂亮吗?
Mèimei yǒu jiějie piàoliang ma?

明天温度没有今天高。
Míngtiān wēndù méiyǒu jīntiān gāo.

这件衣服有那件衣服贵吗?
Zhè jiàn yīfu yǒu nà jiàn yīfu guì ma?

他没有我这么高。
Tā méiyǒu wǒ zhème gāo.

3. ① 오늘은 어제보다 춥습니다. ▶ _____

② 나는 그보다 큽니다. ▶ _____

③ 오늘은 어제보다 훨씬 춥습니다. ▶ _____

④ 나는 그보다 더 큽니다. ▶ _____

⑤ 오늘은 어제보다 좀 춥습니다. ▶ _____

⑥ 나는 그보다 10cm 큽니다. ▶ _____

4. ① 여동생은 언니만큼 예쁩니까? ▶ _____

② 이 옷은 저 옷만큼 비쌉니까? ▶ _____

③ 내일 온도는 오늘만큼 높지 않습니다. ▶ _____

④ 그는 나만큼 크지 않습니다. ▶ _____

종합 연습

1 녹음을 듣고 사진과 일치하면 V, 틀리면 X를 표시하세요. 　　🎧 11-13

(1)

　　(　　)

(2)
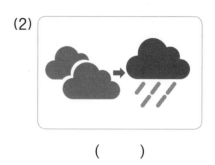
　　(　　)

2 녹음을 듣고 질문에 알맞은 답을 고르세요. 　　🎧 11-14

(1) A 男的　　　　B 女的　　　　C 两个人都带

(2) A 五度　　　　B 三十三度　　　C 三十五度

3 주어진 단어를 사용하여 빈칸을 채우세요.

> 보기　　比　　上　　最高　　但是

A와 B가 오늘 날씨에 대해 이야기한다.

A 报纸＿＿＿＿说今天天气怎么样?

B 晴天，＿＿＿＿会刮风。

A 今天真冷，＿＿＿＿温度是多少?

B 五度，最低温度是零下三度。

A ＿＿＿＿昨天冷。

B 是，最近太冷了。

4 주어진 단어를 알맞은 순서로 배열하여 문장을 완성하세요.

(1) 可能　今天　下雨　会　下午　。

▶ _____

(2) 温度　低　比　晴天　下雨的天气　。

▶ _____

5 괄호 안의 단어를 넣어 연습한 후, 자유롭게 교체하여 대화해 보세요.

(1) A _____天气怎么样?（明天）

　　B _____是_____。（明天/晴天）

(2) A 报纸上说_____天气怎么样?（今天）

　　B _____，但是会_____。（晴天/刮风）

(3) A 最_____温度是多少?（高）

　　B _____度，最_____温度是_____度。（五/低/零下三）

6 제시된 표현을 활용하여 다음 주제와 상황에 맞게 말해 보세요.

주제	날씨 말하기 – 다음 주 일기예보를 보고 한 주간의 날씨에 대해 말해 보세요.						
상황	星期一	星期二	星期三	星期四	星期五	星期六	星期天
	16℃ / 5℃	15℃ / 3℃	11℃ / 2℃	15℃ / 1℃	13℃ / 0℃	13℃ / 0℃	9℃ / −1℃
표현	报纸上说　　比　　温度						

Wǒ shēngbìng le.

我生病了。

| 저 병이 났어요.

몸은 좀
좋아졌어요?

약을 좀 먹었어요.
곧 좋아질 거예요.

학습 목표 □ 병가 신청·진료 등과 관련된 표현을 할 수 있다.

학습 내용 □ 조동사 想　□ 先……，然后……　□ 快……了　□ 사역동사 让

STEP 1 이번 과의 주제와 관련된 단어를 따라 읽어 보세요. 🎧 12-01

fāshāo	tóuténg	késou
发烧	**头疼**	**咳嗽**
열이 나다	머리가 아프다	기침하다

STEP 2 이번 과의 핵심 문장을 발음과 억양에 유의하여 따라 읽어 보세요. 🎧 12-02

1 Wǒ de shēntǐ bù shūfu, xiǎng xiān qù kàn yīshēng, ránhòu zài shàngbān. ☑ ☐ ☐
我的身体不舒服，想先去看医生，然后再上班。

2 Nín nǎr bù shūfu? ☑ ☐ ☐
您哪儿不舒服？

3 Wǒ chīle diǎnr yào, kuài hǎo le. ☑ ☐ ☐
我吃了点儿药，快好了。

병가 신청하기 (1)

따라 읽기 1 / 2 / 3 🎧 12-03

Zhāng jīnglǐ, wǒ de shēntǐ bù shūfu, xiǎng xiān qù kàn yīshēng,
A 张经理，我的身体不舒服，想先去看医生，

ránhòu zài shàngbān.
然后再上班。

Hǎo de, nǐ xiān qù ba.
B 好的，你先去吧。

Xièxie nín, zàijiàn.
A 谢谢您，再见。

Zàijiàn.
B 再见。

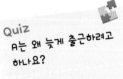

Quiz
A는 왜 늦게 출근하려고 하나요?

☐ 병원에 가려고
☐ 집에서 쉬려고

🎧 12-04

> New Words
> • **身体** shēntǐ 명 신체 • **舒服** shūfu 형 편안하다 • **想** xiǎng 조동 ~하고 싶다 • **先** xiān 부
> 먼저 • **医生** yīshēng 명 의사 • **然后** ránhòu 접 그러한 후에

진료 받기

따라 읽기 1 / 2 / 3 🎧 12-05

Nín nǎr bù shūfu?
A 您哪儿不舒服？

Wǒ zhèr téng, zhèr yě bù shūfu.
B 我这儿疼，这儿也不舒服。

Wǒ kànkan...... Méiyǒu fāshāo, nǐ gǎnmào le. Nǐ xiān chī diǎnr yào ba.
A 我看看……没有发烧，你感冒了。你先吃点儿药吧。

Hǎo de, xièxie nín.
B 好的，谢谢您。

🎧 12-06

> New Words
> • **疼** téng 동 아프다 • **发烧** fāshāo 동 열이 나다 • **感冒** gǎnmào 동 감기 걸리다 • **药** yào 명 약

STEP **1**
알맞은 대답을 골라 대화를 연습해 보세요.

您哪儿不舒服?

☐ 我的手机坏了。

☐ 我这儿疼，这儿也不舒服。

STEP **2**
제시된 단어로 바꾸어 연습해 보세요. 🎧 12-07

1 **我想先去看医生，然后再上班。**

打电话 / 去公司   喝点儿啤酒 / 吃饭   坐地铁 / 坐出租车

2 **你先吃点儿药吧。**

回家休息   用我的   看医生

((•)) 用 yòng 圖 쓰다, 사용하다

STEP **3**
자신의 상황에 맞게 대답해 보세요.

1 **您哪儿不舒服?**

▶ _____

휴식 권유하기

따라 읽기 1 / 2 / 3 🎧 12-08

Nín shēntǐ hǎo xiē le ma?

A 您身体好些了吗?

Wǒ chīle diǎnr yào,　kuài hǎo le.

B 我吃了点儿药，快好了。

Nín tài lèi le,　yào duō xiūxi.

A 您太累了，要多休息。

Wǒ tài máng le.

B 我太忙了。

Míngtiān shì xīngqīliù,　nín kěyǐ xiūxi yíxià.

A 明天是星期六，您可以休息一下。

Shì,　wǒ yào hǎohǎo xiūxi yíxià.

B 是，我要好好休息一下。

Quiz
내일 B가 쉬는 이유는 무엇인가요?

☐ 병가를 내서
☐ 주말이라서

🎧 12-09

New Words ● 些 xiē 양 조금, 약간 ● 快 kuài 부 곧, 머지않아

회화 ② 연습

STEP **1** 　알맞은 대답을 골라 대화를 연습해 보세요.

1 您身体好些了吗?

☐ 我常常去健身房。

☐ 我吃了点儿药，快好了。

STEP **2** 　제시된 단어로 바꾸어 연습해 보세요. 　　　🎧 12-10

1 <u>您身体</u>好些了吗?

感觉　　　情况　　　病

2 <u>我</u>快<u>好</u>了。

他 / 到公司　　　现在 / 三点　　　外边 / 下雨

3 你要多<u>休息</u>。

喝水　　　说汉语　　　吃水果

단문

😊 병가 신청하기 (2)

Lǐ jīnglǐ, nín hǎo, wǒ shì Wáng Huān. Wǒ shēngbìng le, jīntiān

李经理，您好，我是王欢。我生病了，今天

qù kànle yīshēng. Yīshēng shuō wǒ gǎnmào le, yǒudiǎnr fāshāo, ràng

去看了医生。医生说我感冒了，有点儿发烧，让

wǒ duō xiūxi. Wǒ xiǎng zài jiā xiūxi liǎng tiān, kěyǐ ma? Xièxie nín.

我多休息。我想在家休息两天，可以吗？谢谢您。

💬 Speaking Training

1. 빈칸을 자유롭게 채워 말해 보세요.

李经理，您好，我是_____。我生病了，今天去
看了医生。医生说我_____了，有点儿_____，让我多
_____。我想在家休息_____，可以吗？谢谢您。

2. 아픈 증상을 나타내는 표현을 말해 보세요.

🎧 12-12

New Words ● **生病** shēngbìng 툉 병이 나다, 발병하다 ● **让** ràng 툉 ~하도록 시키다, ~하게 하다, ~하도록
내버려두다

단문 연습

STEP 1 다음 문장과 본문 내용이 일치하면 V, 틀리면 X를 표시하고, 바르게 고쳐 말해 보세요.

1 李经理今天去医院。 ☐
Lǐ jīnglǐ jīntiān qù yīyuàn.

▶ _____

2 医生让王欢住院。 ☐
Yīshēng ràng Wáng Huān zhùyuàn.

▶ _____

3 医生说王欢感冒了，有点儿发烧。 ☐
Yīshēng shuō Wáng Huān gǎnmào le, yǒudiǎnr fāshāo.

▶ _____

STEP 2 다음 질문에 답해 보세요.

1 谁生病了？
Shéi shēngbìng le?

▶ _____

2 医生说王欢怎么了？
Yīshēng shuō Wáng Huān zěnme le?

▶ _____

3 王欢想做什么？
Wáng Huān xiǎng zuò shénme?

▶ _____

정리하기

1 조동사 想

동사 앞에 쓰인 조동사 '想'은 '~하고 싶다'와 같은 소망을 나타냅니다. '要'는 의지가 강조되어 행위의 실현 가능성이 높음을 나타내지만 '想'은 행위의 실현 가능성과 무관한 희망이나 계획을 나타냅니다.

我今天发烧了，想去看医生。
Wǒ jīntiān fāshāo le, xiǎng qù kàn yīshēng.

我不想去日本。
Wǒ bù xiǎng qù Rìběn.

我想休息一下。
Wǒ xiǎng xiūxi yíxià.

2 先……，然后……

'~하고 나서'라는 의미의 '然后'는 하나의 행위가 발생한 다음 연이어 다른 행위가 일어났음을 의미합니다. '우선'이라는 의미의 '先'은 앞에 일어난 행위를 나타낼 때 사용하지만 '然后'와 쓰일 때는 생략하기도 합니다.

我想先去看医生，然后再上班。
Wǒ xiǎng xiān qù kàn yīshēng, ránhòu zài shàngbān.

他先去北京，然后又去了四川。
Tā xiān qù Běijīng, ránhòu yòu qùle Sìchuān.

我们先吃饭，然后再走吧。
Wǒmen xiān chī fàn, ránhòu zài zǒu ba.

 Quiz 이번 과에서 배운 내용을 바탕으로 중국어로 바꾸어 써 보세요.

1. ① 나는 오늘 열이 나서 병원에 가보고 싶습니다. ▶ _____

  ② 나는 일본에 가고 싶지 않습니다. ▶ _____

  ③ 나는 좀 쉬고 싶습니다. ▶ _____

2. ① 저는 우선 진료를 받으러 간 후에 다시 출근하고 싶습니다. ▶ _____

  ② 그는 우선 베이징에 갔다가 다시 쓰촨으로 갔다. ▶ _____

  ③ 우리 식사부터 하고 가죠. ▶ _____

3 快……了

'快……了' 구문은 어떤 동작이나 상황이 곧 발생하려 함을 나타냅니다. '快要……了', '就(要)……了', '要……了'로도 표현이 가능하지만, '快(要) ……了' 앞에는 구체적인 시간을 나타내는 단어를 사용할 수 없습니다.

我吃了点儿药，快好了。
Wǒ chīle diǎnr yào, kuài hǎo le.

快要下雨了。
Kuàiyào xià yǔ le.

我明天快要回中国了。(X)
Wǒ míngtiān kuàiyào huí Zhōngguó le.

4 사역동사 让

'让'은 '~하게 하다', '~하도록 시키다'라는 사역의 의미로 어떤 대상으로 하여금 어떤 행동을 하게 하는데 쓰입니다.

医生让我多休息。
Yīshēng ràng wǒ duō xiūxi.

妈妈让我学习汉语。
Māmā ràng wǒ xuéxi Hànyǔ.

经理让我去银行。
Jīnglǐ ràng wǒ qù yínháng.

3. ① 저는 약을 조금 먹어서 곧 좋아질 겁니다. ▶ _____

② 곧 비가 오려고 합니다. ▶ _____

4. ① 의사는 내게 충분히 쉬라고 했습니다. ▶ _____

② 어머니는 나에게 중국어를 공부하게 하셨습니다. ▶ _____

③ 사장님이 저를 은행에 보냅니다. ▶ _____

1 녹음을 듣고 사진과 일치하면 V, 틀리면 X를 표시하세요. 🎧 12-13

(1)

(   )

(2)

(   )

2 녹음을 듣고 질문에 알맞은 답을 고르세요. 🎧 12-14

(1) **A** 银行   **B** 医院   **C** 公司

(2) **A** 休息   **B** 吃药   **C** 看医生

3 주어진 단어를 사용하여 빈칸을 채우세요.

> 보기   快   可以   好好   好些

B가 몸이 아파서 병원을 다녀왔다.

A 您身体_____了吗?

B 我吃了点儿药，_____好了。

A 您太累了，要多休息。

B 我太忙了。

A 明天是星期六。 您_____休息一下。

B 是，我要_____休息一下。

4 주어진 단어를 알맞은 순서로 배열하여 문장을 완성하세요.

(1) 然后　先　上班　去　看医生　再　我　想　，　。

▶ _____

(2) 让　医生　我　休息　多　。

▶ _____

(3) 两天　家　我　在　想　休息　。

▶ _____

5 괄호 안의 단어를 넣어 연습한 후, 자유롭게 교체하여 대화해 보세요.

(1) 我想先_____，然后再_____。（去看医生/上班）

(2) A 您哪儿_____？（不舒服）

　　B 我这儿_____，这儿也_____。（疼/不舒服）

(3) A _____好些了吗？（您身体）

　　B 我_____，快_____了。（吃了点儿药/好）

(4) _____让我多_____。（医生/休息）

6 제시된 표현을 활용하여 다음 주제와 상황에 맞게 말해 보세요.

주제 병가 신청하기

상황 당신은 몸이 아파서 회사를 며칠 쉬어야 합니다. 병가를 청하며 자신의 상황을 설명해 보세요.

표현 先……，然后……　　想　　让　　多

Nín yào liúyán ma?

您要留言吗?

| 메모를 남기시겠습니까?

사장님께 메모를
남기시겠습니까?

저는 CTI 회사의
왕환입니다. 제가 내일은
출장을 가야 해서 만날 수
없다고 전해 주세요.

학습 목표 □ 전화 응대에 필요한 표현을 할 수 있다.

학습 내용 □ 동작의 진행 □ 조동사 要 □ 통화와 관련된 표현 □ 조동사 能
□ 조동사 会 (2)

준비하기

STEP 1 이번 과의 주제와 관련된 단어를 따라 읽어 보세요. 🎧 13-01

jiē diànhuà
接电话
전화를 받다

guàjī
挂机
전화를 끊다

wèi jiē láidiàn
未接来电
부재중 전화

STEP 2 이번 과의 핵심 문장을 발음과 억양에 유의하여 따라 읽어 보세요. 🎧 13-02

1️⃣ Tā zhèngzài kāihuì, nín yào gěi tā liúyán ma? ☑ ☐ ☐
他正在开会，您要给他留言吗？

2️⃣ Wǒ huì gàosu tā de. ☑ ☐ ☐
我会告诉他的。

3️⃣ Xià zhōuyī bù néng hé nín kāihuì le. ☑ ☐ ☐
下周一不能和您开会了。

😊 **메모 확인하기**

따라 읽기 1 / 2 / 3 🎧 13-03

Wáng mìshū, wǒ yǒu liúyán ma?

A 王秘书，我有留言吗？

Yǒu, zhè shì nín de liúyán.

B 有，这是您的留言。

Xièxie.

A 谢谢。

🎧 13-04

New Words ● 留言 liúyán 몡 메모, 메시지

😊 **메모 남기기 (1)**

따라 읽기 1 / 2 / 3 🎧 13-05

Nín hǎo, qǐngwèn, Wáng jīnglǐ zài ma?

A 您好，请问，王经理在吗？

Tā zhèngzài kāihuì, nín yào gěi tā liúyán ma?

B 他正在开会，您要给他留言吗？

Wǒ shì CTI Gōngsī de Wáng Huān, qǐng gàosu tā, wǒ míngtiān yào chūchāi,

A 我是CTI公司的王欢，请告诉他，我明天要出差，

bù néng hé tā jiànmiàn le.

不能和他见面了。

Quiz
왕 사장은 지금 무엇을
하고 있나요?

☐ 출장
☐ 회의

Hǎo de, wǒ huì gàosu tā de.

B 好的，我会告诉他的。

🎧 13-06

New Words ● 正在 zhèngzài 뷔 ~하고 있는 중이다 ● 要 yào 조동 ~하려 한다, ~할 것이다 ● 留言 liúyán
동 메시지를 남기다 ● 告诉 gàosu 동 말하다 ● 能 néng 조동 ~할 수 있다, ~일 수 있다

STEP 1
알맞은 대답을 골라 대화를 연습해 보세요.

▣ 请问，王经理在吗?
　　□ 他正在开会，您要给他留言吗?
　　□ 有，这是您的留言。

STEP 2
제시된 단어로 바꾸어 연습해 보세요.　　　　　　🎧 13-07

❶ 他正在开会。

　　　　她 / 睡觉　　　　李小姐 / 唱歌　　　　王先生 / 工作

❷ 我明天要出差。

　　　高先生 / 下周 / 去中国　　您 / 两点 / 和李小姐见面　　他 / 后天 / 回国

❸ 我不能和她见面了。

　　　他 / 上班　　　　王小姐 / 喝咖啡　　　　李经理 / 出差

😊 메모 남기기 (2)

🎧 13-08

Nín hǎo,　　qǐngwèn Lǐ jīnglǐ zài ma?
A 您好，请问李经理在吗？

Tā xiànzài bú zài.
B 她现在不在。

Wǒ kěyǐ gěi tā liúyán ma?
A 我可以给她留言吗？

Kěyǐ,　　nín qǐng shuō.
B 可以，您请说。

Wǒ shì CTI Gōngsī de Gāo Xiǎomíng,　qǐng tā gěi wǒ huí ge diànhuà,
A 我是CTI公司的高小明，请她给我回个电话，

wǒ de diànhuà shì líng yāo líng yāo èr sān sì wǔ liù qī bā.
我的电话是010-1234-5678。

Hǎo de,　　wǒ huì gàosu Lǐ jīnglǐ de.
B 好的，我会告诉李经理的。

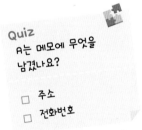

Quiz
A는 메모에 무엇을
남겼나요?

☐ 주소
☐ 전화번호

회화 ② 연습

STEP 1 알맞은 대답을 골라 대화를 연습해 보세요.

1 我可以给她留言吗?

　□ 好的，我会告诉李经理的。
　□ 可以，您请说。

STEP 2 제시된 단어로 바꾸어 연습해 보세요. 🎧 13-09

1 请她给我回个电话。

　　发个短信　　　　写封信　　　　发个邮件

2 我会告诉李经理的。

　　帮助 / 你　　　　考虑 / 你的话　　　　转告 / 王经理

STEP 3 자신의 상황에 맞게 대답해 보세요.

1 A 我可以给她留言吗?

　B 可以，您请说。

　A ▶ ＿＿＿＿＿＿＿＿＿＿＿＿＿＿＿＿＿＿＿＿＿＿＿＿＿＿＿＿

　　　　　★ 자신의 이름, 소속, 연락처 등을 말해 보세요.

😊 약속 연기하기

Nín hǎo, Lǐ jīnglǐ. Wǒ shì CTI gōngsī de Lǐ Hǎo. Wǒ shēngbìng

您好，李经理。我是CTI公司的李好。我生病

le, yào zài jiā xiūxi yíxià. Xià zhōuyī bù néng hé nín kāihuì le.

了，要在家休息一下。下周一不能和您开会了。

Wǒ xīngqīwǔ shàngbān, Wǒmen kěyǐ xīngqīwǔ kāihuì ma? Qǐng gěi wǒ

我星期五上班，我们可以星期五开会吗？请给我

huí ge diànhuà, xièxie.

回个电话，谢谢。

💬 Speaking Training

1. 빈칸을 자유롭게 채워 말해 보세요.

您好，李经理。我是CTI公司的＿＿＿＿＿。我生病
了，要在家休息一下。＿＿＿＿＿＿不能和您开会了。我
＿＿＿＿＿上班，我们可以＿＿＿＿＿开会吗？请给我＿＿＿＿＿个
＿＿＿＿＿，谢谢。

2. 친구나 동료에게 메시지를 남겨 보세요.

단문 연습

STEP 1 다음 문장과 본문 내용이 일치하면 V, 틀리면 X를 표시하고, 바르게 고쳐 말해 보세요.

1 李好生病了，要在家休息一下。　　　　　　　　　　□
Lǐ Hǎo shēngbìng le, yào zài jiā xiūxi yíxià.

▶ _____

2 李好下周一不想和李经理开会了。　　　　　　　　　□
Lǐ Hǎo xià zhōuyī bù xiǎng hé Lǐ jīnglǐ kāihuì le.

▶ _____

3 李好让李经理发个短信。　　　　　　　　　　　　　□
Lǐ Hǎo ràng Lǐ jīnglǐ fā ge duǎnxìn.

▶ _____

STEP 2 다음 질문에 답해 보세요.

1 李好要在哪儿休息?
Lǐ Hǎo yào zài nǎr xiūxi?

▶ _____

2 她为什么要休息?
Tā wèishénme yào xiūxi?

▶ _____

3 她什么时候上班?
Tā shénme shíhou shàngbān?

▶ _____

정리하기

1 동작의 진행

동작의 진행을 나타낼 때는 동사 앞에 '正', '在', '正在'를 쓰거나 문장 끝에 '呢'를 사용해서 표현합니다.

他正在开会。
Tā zhèngzài kāihuì.

他正吃饭呢。
Tā zhèng chī fàn ne.

他们在听音乐。
Tāmen zài tīng yīnyuè.

爸爸看电视呢。
Bàba kàn diànshì ne.

2 조동사 要

조동사 '要'는 '~할 것이다', '하려 한다'는 의미로 의지를 나타냅니다. 부정형은 '不要'가 아닌 '不想'입니다.

您要给他留言吗?
Nín yào gěi tā liúyán ma?

我要去中国。
Wǒ yào qù Zhōngguó.

您要买什么?
Nín yào mǎi shénme?

我不想去中国。
Wǒ bù xiǎng qù Zhōngguó.

3 통화와 관련된 표현

통화와 관련된 표현을 정리해 봅시다. 전화를 걸 때는 '打', 받을 때는 '接', 끊을 때는 '挂', 회신할 때는 '回'를 사용합니다. 스피커 모드는 '~할 필요가 없다'는 뜻의 '免'과 '들다'라는 뜻의 '提'를 써서 '免提'라고 하며, 영상 통화는 '视频通话'라고 합니다.

免提 miǎntí 스피커 모드, 핸즈프리 | 视频通话 shìpín tōnghuà 몡 영상 통화

Quiz 이번 과에서 배운 내용을 바탕으로 중국어로 바꾸어 써 보세요.

1. ① 그는 회의를 하고 있습니다. ▶ _____   ② 그는 밥을 먹고 있습니다. ▶ _____

   ③ 그들은 음악을 듣고 있습니다. ▶ _____   ④ 아버지는 텔레비전을 보고 계십니다. ▶ _____

2. ① 당신은 그에게 메모를 남기시겠습니까? ▶ _____   ② 나는 중국에 갈 겁니다. ▶ _____

   ③ 어떤 것을 사시려고요? ▶ _____   ④ 나는 중국에 안 갈 겁니다. ▶ _____

3. ① 전화를 걸다 ▶ _____   ② 전화를 회신하다 ▶ _____   ③ 영상 통화 ▶ _____

4 조동사 能

조동사 '能'은 능력이나 어떤 조건 아래에서의 가능성을 나타냅니다. 또한, 허가나 허락 등도 표현합니다.

A 你明天能来吗?
Nǐ míngtiān néng lái ma?

B 我明天不能去了。
Wǒ míngtiān bù néng qù le.

A 这儿可以抽烟吗?
Zhèr kěyǐ chōuyān ma?

B 这儿不能抽烟。
Zhèr bù néng chōuyān.

5 조동사 会 (2)

11과에서 조동사 '会'는 미래 사실에 대한 추측을 나타냄을 배웠습니다. 미래의 추측을 나타내는 경우 맥락에 따라 의지를 나타내기도 합니다.

我会告诉李经理的。
Wǒ huì gàosu Lǐ jīnglǐ de.

李经理不会不来。
Lǐ jīnglǐ bú huì bù lái.

我会努力向前走。
Wǒ huì nǔlì xiàng qián zǒu.

我以后不会去那儿了。
Wǒ yǐhòu bú huì qù nàr le.

努力 nǔlì 형 열심이다, 애쓰다

---

4. ① A 당신 내일 올 수 있어요? ▶ _____

    B 저는 내일 못 갈 것 같아요. ▶ _____

② A 여기서 담배를 필 수 있나요? ▶ _____

    B 여기서는 담배를 필 수 없습니다. ▶ _____

5. ① 제가 리 사장님께 전하겠습니다. ▶ _____   ② 저는 열심히 앞으로 나갈 것입니다. ▶ _____

③ 리 사장님은 안 올 리가 없습니다. ▶ _____   ④ 저는 이후에 그곳에 가지 않을 것입니다. ▶ _____

1 녹음을 듣고 사진과 일치하면 V, 틀리면 X를 표시하세요.　🎧 13-11

(1)

(　　　)

(2)

(　　　)

2 녹음을 듣고 질문에 알맞은 답을 고르세요.　🎧 13-12

(1)　**A** 在开会　　　**B** 在吃饭　　　**C** 在睡觉

(2)　**A** 明天　　　　**B** 星期四　　　**C** 星期五

3 주어진 단어를 사용하여 빈칸을 채우세요.

　보기　　会　　回　　留言　　的

A가 리 사장의 사무실에 전화를 건다.

A 您好，请问李经理在吗?

B 她现在不在。

A 我可以给她_____吗?

B 可以，您请说。

A 我是CTI公司的高小明，请她给我_____个电话，
　　我的电话是010-1234-5678。

B 好的，我_____告诉李经理_____。

4 주어진 단어를 알맞은 순서로 배열하여 문장을 완성하세요.

(1) 他　要　您　正在　留言　开会　吗　给他　，　？

▶ _____

(2) 的　告诉　我　他　会　。

▶ _____

(3) 和　下周一　不能　了　您　开会　。

▶ _____

5 괄호 안의 단어를 넣어 연습한 후, 자유롭게 교체하여 대화해 보세요.

(1) A _____在吗?（王经理）

　　B _____正在_____。（他/开会）

(2) A 我可以给_____留言吗?（她）

　　B 可以，您请说。

　　A 我是_____，请她给我回个电话，我的电话是_____。

　　　（CTI公司的高小明/010-1234-5678）

6 제시된 표현을 활용하여 다음 주제와 상황에 맞게 말해 보세요.

　주제　회신 요청하기

　상황　당신에게 사정이 생겨서 오늘 친구와의 약속을 취소해야 합니다. 사정을 설명
　　　　하고 다시 약속 일정을 제안한 후 회신을 부탁해 보세요.

　표현　要　　可以　　回个电话

Zhēn bù hǎoyìsi.

真不好意思。

| 정말 죄송합니다.

정말 죄송합니다.
제가 30분 정도 늦게
도착할 것 같습니다.

괜찮습니다.
제가
기다리겠습니다.

학습 목표 ☐ 실수에 대해 사과할 수 있다.

학습 내용 ☐ 부사 非常 ☐ 결과보어 錯 ☐ 형용사 早와 晚 ☐ 반어문 不是……吗

STEP 1 이번 과의 주제와 관련된 단어를 따라 읽어 보세요. 🎧 14-01

tīng
听
듣다

fā
发
보내다

xiě
写
쓰다

STEP 2 이번 과의 핵심 문장을 발음과 억양에 유의하여 따라 읽어 보세요. 🎧 14-02

1 Láojià, qǐng ràng yíxià.　☑ ☐ ☐
劳驾，请让一下。

2 Zhēn bù hǎoyìsi, wǒ xiěcuò le.　☑ ☐ ☐
真不好意思，我写错了。

3 Zhēn bàoqiàn, wǒ yào wǎn bàn ge　☑ ☐ ☐
xiǎoshí dào.
真抱歉，我要晚半个小时到。

😊 사과하기 (1)

 🎧 14-03

Láojià,　qǐng ràng yíxià.
A 劳驾，请让一下。

Bàoqiàn.
B 抱歉。

Fēicháng gǎnxiè!
A 非常感谢!

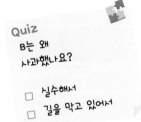

Quiz
B는 왜
사과했나요?

□ 실수해서
□ 길을 막고 있어서

🎧 14-04

New Words • **劳驾** láojià 동 실례합니다 • **让** ràng 동 옆으로 피하다, 비키다 • **抱歉** bàoqiàn 동 미안하게 생각하다, 미안해하다 • **非常** fēicháng 부 대단히, 심히 • **感谢** gǎnxiè 동 감사하다

😊 사과하기 (2)

1 / 2 / 3 🎧 14-05

Xiānsheng,　zhè shì nín de kāfēi.
A 先生，这是您的咖啡。

Kāfēi?　Wǒ diǎn de shì chá.
B 咖啡? 我点的是茶。

Quiz
손님이 주문한 것은
무엇인가요?

Zhēn bù hǎoyìsi,　wǒ xiěcuò le.
A 真不好意思，我写错了。

□ 커피
□ 차

Méi guānxi.
B 没关系。

🎧 14-06

New Words • **写** xiě 동 글씨를 쓰다 • **错** cuò 형 틀리다, 맞지 않다

회화 ① 연습

STEP 1 알맞은 대답을 골라 대화를 연습해 보세요.

1️⃣ 劳驾，请让一下。

☐ 抱歉。

☐ 非常感谢!

STEP 2 제시된 단어로 바꾸어 연습해 보세요.   🎧 14-07

1️⃣ 非常感<u>谢</u>!

   喜欢   舒服   好吃

2️⃣ 我点的是<u>茶</u>。

   咖啡   B套餐   牛肉面

   🔊 **套餐** tàocān 몡 세트 음식 | **牛肉面** niúròumiàn 몡 쇠고기면

3️⃣ 真不好意思，我<u>写</u>错了。

   说   听   打

사과하기 (3)

 14-08

Zhēn bàoqiàn, wǒ yào wǎn bàn ge xiǎoshí dào.

A 真抱歉，我要晚半个小时到。

Méi guānxi, wǒ děng nín.

B 没关系，我等您。

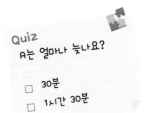

Quiz
A는 얼마나 늦나요?

☐ 30분
☐ 1시간 30분

14-09

New Words ● 等 děng 图 기다리다

 사과하기 (4)

1 / 2 / 3 14-10

Wáng xiǎojiě, nín jīntiān zài gōngsī ma?

A 王小姐，您今天在公司吗?

Bù hǎoyìsi, wǒ jīntiān xiūxi.

B 不好意思，我今天休息。

Wǒmen bú shì sì hào jiàn ma?

A 我们不是四号见吗?

Bú shì, wǒ hé nín shuō de shì shí hào jiàn.

B 不是，我和您说的是十号见。

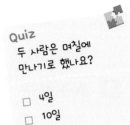

Quiz
두 사람은 며칠에
만나기로 했나요?

☐ 4일
☐ 10일

Zhēn bàoqiàn, wǒ kěnéng tīngcuò le.

A 真抱歉，我可能听错了。

Méi guānxi.

B 没关系。

14-11

New Words ● 听 tīng 图 듣다

회화 ② 연습

STEP 1 알맞은 대답을 골라 대화를 연습해 보세요.

1 我们不是四号见吗?

   ☐ 不是，我和您说的是十号见。
   ☐ 不错，我和您说的是十号见。

STEP 2 제시된 단어로 바꾸어 연습해 보세요. 🎧 14-12

1 我要晚半个小时到。

　　一个小时 / 睡觉　　　　一天 / 回来　　　　一年 / 上学

2 我们不是四号见吗?

　　你 / 知道这件事　　　　他 / 开车去　　　　李小姐 / 在公司

3 真抱歉，我可能听错了。

　　发　　认　　搞

🔔 **搞** gǎo 圄 하다, 처리하다

단문

😊 **실수한 것에 대해 말하기** 🎧 14-13

Jīntiān wǒ zuòcuò le hěn duō shìqing. Gāo Fēi ràng wǒ mǎi kāfēi,
今天我做错了很多事情。高飞让我买咖啡，

wǒ mǎicuò le,   mǎile chá.   Lǐ Hǎo ràng wǒ sān diǎn kāihuì, wǒ tīngcuò
我买错了，买了茶。李好让我三点开会，我听错

le,   liǎng diǎn qù de, děngle yí ge xiǎoshí. Wáng Huān ràng wǒ gàosu tā
了，两点去的，等了一个小时。王欢让我告诉她

Wáng jīnglǐ de diànhuà,   wǒ shuōcuò le,   shuō de shì Lǐ jīnglǐ de diànhuà.
王经理的电话，我说错了，说的是李经理的电话。

Wǒ zhè shì zěnme le?
我这是怎么了？

💬 **Speaking Training**

1. 빈칸을 자유롭게 채워 말해 보세요.

    今天我做错了很多事情。高飞让我买＿＿＿＿，我
    买错了，买了＿＿＿＿。李好让我＿＿＿＿点开会，我听错
    了，＿＿＿＿点去的，等了＿＿＿＿个小时。王欢让我告诉
    她＿＿＿＿的电话，我说错了，说的是＿＿＿＿的电话。我
    这是怎么了？

2. 최근 실수한 일에 대해 말해 보세요.

🎧 14-14

New Words ● 事情 shìqing 명 일, 사건

단문 연습

STEP 1 다음 문장과 본문 내용이 일치하면 V, 틀리면 X를 표시하고, 바르게 고쳐 말해 보세요.

1 李好让她三点开会。 ☐
Lǐ Hǎo ràng tā sān diǎn kāihuì.

▶ _____

2 今天她没做错什么事情。 ☐
Jīntiān tā méi zuòcuò shénme shìqing.

▶ _____

3 她告诉王欢王经理的电话。 ☐
Tā gàosu Wáng Huān Wáng jīnglǐ de diànhuà.

▶ _____

STEP 2 다음 질문에 답해 보세요.

1 高飞让她买什么?
Gāo Fēi ràng tā mǎi shénme?

▶ _____

2 她买了什么?
Tā mǎile shénme?

▶ _____

3 她听错了开会时间，等了多长时间?
Tā tīngcuò le kāihuì shíjiān, děngle duō cháng shíjiān?

▶ _____

1 부사 非常

'非常'은 '很'처럼 '매우', '대단히'라는 의미로 정도가 아주 높음을 나타냅니다.

非常感谢!
Fēicháng gǎnxiè!

今天天气非常好。
Jīntiān tiānqì fēicháng hǎo.

我非常高兴!
Wǒ fēicháng gāoxìng!

他的年薪非常高。
Tā de niánxīn fēicháng gāo.

年薪 niánxīn 몡 연봉

2 결과보어 错

결과보어 '错'는 동사가 가리키는 동작의 결과가 틀렸음을 나타냅니다. 부정할 때는 동사 앞에 '没(有)'를 사용합니다.

我说错了。
Wǒ shuōcuò le.

我写错了。
Wǒ xiěcuò le.

我没买错。
Wǒ méi mǎicuò.

我没看错吧。
Wǒ méi kàncuò ba.

Quiz 이번 과에서 배운 내용을 바탕으로 중국어로 바꾸어 써 보세요.

1. ① 정말 감사합니다! ▶ _____

② 오늘 날씨가 정말 좋습니다. ▶ _____

③ 저는 정말 기뻐요! ▶ _____

④ 그의 연봉은 정말 높습니다. ▶ _____

2. ① 제가 잘못 말했습니다. ▶ _____

② 제가 잘못 썼습니다. ▶ _____

③ 저는 잘못 사지 않았습니다. ▶ _____

④ 제가 잘못 본 게 아니죠. ▶ _____

3 형용사 **早**와 **晚**

형용사 '早'와 '晚'은 부사어로 사용 가능한 단음절 형용사입니다. 이외에 부사어가 될 수 있는 단음절 형용사로는 '多'와 '少' 등이 있습니다.

我要晚半个小时到。
Wǒ yào wǎn bàn ge xiǎoshí dào.

我要早一个小时到。
Wǒ yào zǎo yí ge xiǎoshí dào.

您多吃一点儿吧。
Nín duō chī yìdiǎnr ba.

少喝酒有什么好处?
Shǎo hē jiǔ yǒu shénme hǎochù?

好处 hǎochù 명 장점

4 반어문 **不是**⋯⋯**吗**

반어문 '不是⋯⋯吗?'는 '~이 아닌가요?'라는 뜻으로 '그렇다'는 사실을 강조할 때 사용합니다.

我们不是四号见吗?
Wǒmen bú shì sì hào jiàn ma?

你不是韩国人吗?
Nǐ bú shì Hánguórén ma?

你不是喜欢我吗?
Nǐ bú shì xǐhuan wǒ ma?

那儿不是关闭了吗?
Nàr bú shì guānbì le ma?

关闭 guānbì 동 문을 닫다, 폐업·파산하다

3. ① 제가 30분 늦게 도착할 것 같습니다. ▶ _____

② 제가 한 시간 일찍 도착할 것 같습니다. ▶ _____

③ 당신 좀 더 드세요. ▶ _____

④ 술을 적게 마시면 어떤 장점이 있나요? ▶ _____

4. ① 우리 4일에 만나기로 한 것 아닌가요? ▶ _____

② 당신은 한국인이 아닌가요? ▶ _____

③ 당신은 나를 좋아하는 게 아닌가요? ▶ _____

④ 그곳은 문 닫지 않았나요? ▶ _____

1 녹음을 듣고 사진과 일치하면 V, 틀리면 X를 표시하세요.　　　🎧 14-15

(1)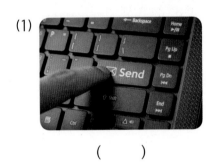

（　　　）

(2)

（　　　）

2 녹음을 듣고 질문에 알맞은 답을 고르세요.　　　🎧 14-16

(1) **A** 四号　　　　　**B** 十号　　　　　**C** 十四号

(2) **A** 啤酒　　　　　**B** 咖啡　　　　　**C** 茶

3 주어진 단어를 사용하여 빈칸을 채우세요.

> 보기　　抱歉　　　不是　　　听错　　　和

A가 B를 만나러 가기 전에 전화한다.

A 王小姐，您今天在公司吗?

B 不好意思，我今天休息。

A 我们_____四号见吗?

B 不是，我_____您说的是十号见。

A 真_____，我可能_____了。

B 没关系。

4 주어진 단어를 알맞은 순서로 배열하여 문장을 완성하세요.

(1) 个　晚　要　到　半　小时　我　。

　　▶ _____

(2) 了　很多　错　我　今天　做　事情　。

　　▶ _____

(3) 点　让　李好　三　我　开会　。

　　▶ _____

5 괄호 안의 단어를 넣어 연습한 후, 자유롭게 교체하여 대화해 보세요.

(1) A 先生，这是您的_____。（咖啡）

　　B _____？我点的是_____。（咖啡/茶）

　　A 真不好意思，我_____错了。（写）

(2) 真抱歉，我要晚_____到。（半个小时）

(3) A 我们不是_____号_____吗？（四/见）

　　B 不是，我和您说的是_____号_____。（十/见）

6 제시된 표현을 활용하여 다음 주제에 맞게 말해 보세요.

주제 실수한 것에 대해 말하기
– 그림을 보고 여자가 한 실수에
　대해 말해 보세요.

상황

Nín xūyào bāngzhù ma?

您需要帮助吗?

| 도움이 필요하세요?

도움이
필요하세요?

네, 근처에
지하철역이
있나요?

학습 목표 □ 길 안내에 필요한 표현을 할 수 있다.

학습 내용 □ 帮助와 帮忙 □ 길이 단위 표현 □ 명령문 別 □ 개사 向

STEP 1 이번 과의 주제와 관련된 단어를 따라 읽어 보세요. 🎧 15-01

zuǒ zhuǎn	yòu zhuǎn	diàotóu
左转	右转	掉头
좌회전	우회전	유턴

STEP 2 이번 과의 핵심 문장을 발음과 억양에 유의하여 따라 읽어 보세요. 🎧 15-02

1 Fùjìn yǒu dìtiězhàn ma? ☑ ☐ ☐
附近有地铁站吗?

2 Xiàng běi zǒu, ránhòu zuǒ zhuǎn, jiù dào le. ☑ ☐ ☐
向北走,然后左转,就到了。

3 Bié kèqi. ☑ ☐ ☐
别客气。

길 안내하기 (1)

따라 읽기 1 / 2 / 3 🎧 15-03

Nín xūyào bāngzhù ma?

A 您需要帮助吗?

Shì, fùjìn yǒu dìtiězhàn ma?

B 是，附近有地铁站吗?

Yǒu, nín wǎng dōng zǒu sānbǎi mǐ, jiù dào le.

A 有，您往东走三百米，就到了。

Xièxie!

B 谢谢!

🎧 15-04

Quiz
지하철역은 어디에
있나요?

☐ 동쪽 300m
☐ 북쪽 300m

> New Words
> • **需要** xūyào 图 필요로 하다, 요구되다 • **帮助** bāngzhù 图 돕다 • **附近** fùjìn 图 부근, 근처
> • **米** mǐ 图 미터(m) • **就** jiù 图 이미, 벌써, 일찍이

 길 안내하기 (2)

따라 읽기 1 / 2 / 3 🎧 15-05

Láojià, qù Běijīngzhàn zěnme zǒu? Wǒ yào qù zuò huǒchē.

A 劳驾，去北京站怎么走? 我要去坐火车。

Xiàng běi zǒu, ránhòu zuǒ zhuǎn, jiù dào le.

B 向北走，然后左转，就到了。

Lí zhèr yǒu duō yuǎn?

A 离这儿有多远?

Zǒu shí fēnzhōng jiù dào le.

B 走十分钟就到了。

Quiz
베이징역까지 얼마나
걸리나요?

☐ 걸어서 10분
☐ 운전해서 10분

🎧 15-06

> New Words
> • **火车** huǒchē 图 기차 • **向** xiàng 图 ~로, ~을 향하여 • **转** zhuǎn 图 돌다

회화 ① **연습**

STEP 1 알맞은 대답을 골라 대화를 연습해 보세요.

1 附近有地铁站吗?

☐ 有，您往东走三百米，就到了。

☐ 没有，走三分钟就到了。

STEP 2 제시된 단어로 바꾸어 연습해 보세요. 🔊 15-07

1 您往<u>东</u>走<u>三百米</u>，就到了。

西 / 一公里　　　　南 / 两百米　　　　北 / 三步

🔊 **公里** gōnglǐ 양 킬로미터(km) | **步** bù 양 걸음

2 去<u>北京站</u>怎么走? 我要去坐<u>火车</u>。

仁川机场 / 飞机　　　首尔站 / 一号线　　　公共汽车站 / 7路公共汽车

🔊 **仁川** Rénchuān 고유 인천

STEP 3 실제 상황에 맞게 대답해 보세요.

1 附近有地铁站吗?

▶ _____

회화 ②

 길 안내하기 (3)

 따라 읽기 1 / 2 / 3 🎧 15-08

Nín xūyào bāngzhù ma?
A 您需要帮助吗？

Láojià, fùjìn yǒu xǐshǒujiān ma?
B 劳驾，附近有洗手间吗？

Dìtiězhàn li yǒu, nǐ yìzhí zǒu jiù dào le.
A 地铁站里有，你一直走就到了。

Lí zhèr yǒu duō yuǎn?
B 离这儿有多远？

Yìbǎi duō mǐ.
A 一百多米。

Xièxie!
B 谢谢！

Bié kèqi.
A 别客气。

Quiz
현재 위치에서 화장실은
얼마나 떨어져 있나요?

☐ 100m 이상
☐ 100m 이하

🎧 15-09

New Words
• 里 li 몡 안, 안쪽 • 一直 yìzhí 뷔 똑바로, 곧바로 • 别 bié 뷔 ~하지 마라

STEP 1   제시된 단어로 바꾸어 연습해 보세요.   🎧 15-10

1   <u>地铁站</u>里有<u>洗手间</u>。

> 公司 / 咖啡机   杯子 / 一点儿水   手机 / 很多电话号码

2   <u>一百</u>多<u>米</u>。

> 两千 / 公里   五十 / 块   两百 / 斤

🔔 斤 jīn 양 근(약 500g)

3   别<u>客气</u>。

> 走   着急   生气

🔔 着急 zháojí 통 조급해하다 | 生气 shēngqì 통 화내다

STEP 2   실제 상황에 맞게 대답해 보세요.

1   A   附近有洗手间吗?

   B ▸ _____

   A   离这儿有多远?

   B ▸ _____

경로 제안하기

Zěnme qù Běijīng Yīyuàn?　Kěyǐ zuò wǔ lù gōnggòng qìchē,　zài
怎么去北京医院？可以坐5路公共汽车，在

Běijīng Yīyuàn zhàn xià chē jiù xíng le,　yào zuò yí ge duō xiǎoshí. Gōnggòng
北京医院站下车就行了，要坐一个多小时。公共

qìchē zhàn hěn jìn, wǎng dōng zǒu yìbǎi duō mǐ, zuǒ zhuǎn jiù dào le. Nǐ yě
汽车站很近，往东走一百多米，左转就到了。你也

kěyǐ zuò dìtiě,　zuò dìtiě bǐ zuò gōnggòng qìchē kuài,　zài Běijīngzhàn
可以坐地铁，坐地铁比坐公共汽车快，在北京站

xià chē,　bàn ge duō xiǎoshí jiù dào le.　Dìtiězhàn yào yìzhí wǎng xī zǒu,
下车，半个多小时就到了。地铁站要一直往西走，

zǒu shí duō fèn jiù dào le.
走十多分就到了。

💬 Speaking Training

1. 빈칸을 자유롭게 채워 말해 보세요.

　　　怎么去_____？可以坐_____路公共汽车，在
_____站下车就行了，要坐_____个多小时。公共
汽车站很近，往_____走一百多米，_____转就到
了。你也可以坐地铁，坐地铁比坐公共汽车快，在
_____下车，_____个多小时就到了。地铁站要一直往
_____走，走_____多分就到了。

2. 근처 버스 정류장까지 어떻게 가야 하는지 말해 보세요.

단문 **연습**

STEP 1 다음 문장과 본문 내용이 일치하면 V, 틀리면 X를 표시하고, 바르게 고쳐 말해 보세요.

1 去北京医院可以坐8路公共汽车。 ☐

Qù Běijīng Yīyuàn kěyǐ zuò bā lù gōnggòng qìchē.

▶ _____

2 坐公共汽车比坐地铁快。 ☐

Zuò gōnggòng qìchē bǐ zuò dìtiě kuài.

▶ _____

3 地铁站要一直向西走，走十多分就到了。 ☐

Dìtiězhàn yào yìzhí xiàng xī zǒu, zǒu shí duō fèn jiù dào le.

▶ _____

STEP 2 다음 질문에 답해 보세요.

1 去北京医院坐地铁快还是坐公共汽车快?

Qù Běijīng Yīyuàn zuò dìtiě kuài háishi zuò gōnggòng qìchē kuài?

▶ _____

2 去北京医院，坐公共汽车，要多长时间?

Qù Běijīng Yīyuàn, zuò gōnggòng qìchē, yào duō cháng shíjiān?

▶ _____

3 往东走一百多米，左转就有什么?

Wǎng dōng zǒu yìbǎi duō mǐ, zuǒ zhuǎn jiù yǒu shénme?

▶ _____

정리하기

1 帮助와 帮忙

'帮助'는 일반적인 동사와 쓰임새가 같습니다. 하지만 '帮忙'은 '동사 + 목적어'로 되어 있는 이합구조이므로 뒤에 목적어가 올 수 없으며 '了'와 같은 동태조사는 동사 '帮' 뒤에 위치합니다.

您需要帮助吗?
Nín xūyào bāngzhù ma?

他帮了我的忙。
Tā bāngle wǒ de máng.

他喜欢帮助别人。
Tā xǐhuan bāngzhù biérén.

我不能帮你的忙。
Wǒ bù néng bāng nǐ de máng.

(🔔) 别人 biérén 몡 다른 사람

2 길이 단위 표현

길이 단위를 나타내는 표현을 알아봅시다.

중국어	의미	예
毫米 háomǐ	밀리미터(mm)	八十毫米 bāshí háomǐ
厘米 límǐ	센티미터(cm)	七厘米 qī límǐ
米 mǐ	미터(m)	三百米 sānbǎi mǐ
公里 gōnglǐ	킬로미터(km)	一千两百公里 yìqiān liǎngbǎi gōnglǐ

Quiz
이번 과에서 배운 내용을 바탕으로 중국어로 바꾸어 써 보세요.

1. ① 도움이 필요하신가요? ▶ _____

   ② 그는 다른 사람을 돕는 것을 좋아합니다. ▶ _____

   ③ 그가 나를 도왔습니다. ▶ _____

   ④ 저는 당신을 도와줄 수 없습니다. ▶ _____

2. ① 80mm ▶ _____

   ② 7cm ▶ _____

   ③ 300m ▶ _____

   ④ 1,200km ▶ _____

3 명령문 别

부사 '别'는 명령문 앞에 쓰여 '~하지 마라'는 의미로 금지를 나타냅니다. 문장 끝에 '了'를 붙여서 어기를 부드럽게 할 수 있습니다.

别客气!
Bié kèqi!

别走!
Bié zǒu!

别着急!
Bié zháojí!

别买了!
Bié mǎi le!

4 개사 向

개사 '向'은 방향을 나타냅니다. '朝'와 '往'도 방향을 나타내지만 추상적 행위나 이동을 나타내지 않는 경우에는 '向'만 사용이 가능합니다.

向北走，然后左转，就到了。
Xiàng běi zǒu, ránhòu zuǒ zhuǎn, jiù dào le.

我们要向前走。
Wǒmen yào xiàng qián zǒu.

我向你们表示感谢。(추상적 행위)
Wǒ xiàng nǐmen biǎoshì gǎnxiè.

🔔 **表示** biǎoshì 통 나타내다, 표시하다

---

3. ① 사양하지 마세요! ▶ _____

② 가지 마세요! ▶ _____

③ 조급해하지 마세요! ▶ _____

④ 사지 마세요! ▶ _____

4. ① 북쪽으로 가다가 왼쪽으로 돌면 바로 도착합니다. ▶ _____

② 우리는 앞으로 나아가야 합니다. ▶ _____

③ 저는 여러분께 감사를 표합니다. ▶ _____

1 녹음을 듣고 사진과 일치하면 V, 틀리면 X를 표시하세요. 🎧 15-12

(1)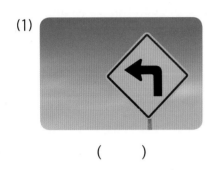

(   )

(2)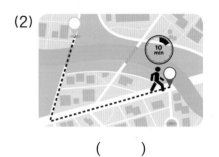

(   )

2 녹음을 듣고 질문에 알맞은 답을 고르세요. 🎧 15-13

(1) **A** 往西走五百米   **B** 往东走三百米   **C** 往西走两百米

(2) **A** 右转   **B** 左转   **C** 左拐

3 주어진 단어를 사용하여 빈칸을 채우세요.

> 보기   多   一直   劳驾   里

B가 A에게 근처에 화장실이 있는지 묻는다.

A 您需要帮助吗?

B _____, 附近有洗手间吗?

A 地铁站_____有, 你_____走就到了。

B 离这儿有多远?

A 一百_____米。

B 谢谢!

A 别客气。

4 주어진 단어를 알맞은 순서로 배열하여 문장을 완성하세요.

(1) 了　　行　　北京医院站　　下车　　就　　在　　。

　　▶ _____

(2) 比　　坐　　坐　　快　　公共汽车　　地铁　　。

　　▶ _____

5 괄호 안의 단어를 넣어 연습한 후, 자유롭게 교체하여 대화해 보세요.

(1) A 附近有＿＿＿＿＿吗?（地铁站）

　　B 有，您往＿＿＿＿＿走＿＿＿＿＿米，就到了。（东/三百）

(2) A 劳驾，去＿＿＿＿＿怎么走? 我要去坐＿＿＿＿＿。（北京站/火车）

　　B 向＿＿＿＿＿走，然后＿＿＿＿＿转，就到了。（北/左）

(3) A 附近有＿＿＿＿＿吗?（洗手间）

　　B ＿＿＿＿＿里有＿＿＿＿＿。（地铁站/洗手间）

6 제시된 표현을 활용하여 다음 주제와 상황에 맞게 말해 보세요.

　주제　길 안내하기　　　상황　호텔, 은행, 병원 가는 길을 설명해 보세요.

　표현　一直　　转　　米
　　　　往　　向

부록

본문 해석

* Unit 01 *

회화 ①

A 앞의 저분들은 누구인가요?
B 왼쪽은 리 사장이고 오른쪽은 미스터 저우입니다.
A 리 사장 뒤는 누구인가요?
B 뒤는 왕 비서입니다.

회화 ②

A 리 비서, 미안한데요, 화장실이 어디인가요?
B 앞으로 가시면 됩니다.
A 엘리베이터가 있는 저쪽인가요?
B 네, 엘리베이터의 오른쪽에 있습니다.
A 고마워요, 리 비서.
B 별말씀을요.

단문

　오늘은 제가 처음 출근하는 날입니다. 리 비서가 저에게 소개해 줬습니다. 왕 사장님의 사무실은 6층이고, 2호 엘리베이터를 타면 됩니다. 엘리베이터 왼쪽은 화장실이고, 앞으로 가면 사장님의 사무실입니다. 사장님 사무실 오른쪽은 비서의 사무실입니다.

* Unit 02 *

회화 ①

A 제 여권은 어디에 있나요?
B 책상 위에 있나요?
A 없어요.
B 서류 위쪽에 있나요?
A 찾았어요. 서류 아래쪽에 있네요.

회화 ②

A 사장님, 이건 오늘 서류 두 건입니다.
B 어떤 서류죠?
A 위에 이것은 미스터 야마구치가 보내온 것이고, 아래에 이것은 은행 서류입니다.

B 네, 알겠습니다. 이 서류를 인쇄해 주세요.
A 네.
B 제 여권이 어디에 있죠? 저는 다음 주에 출장 갑니다.
A 사장님 책상 위에 있습니다.
B 알겠습니다, 고마워요!

단문

　이것은 왕 사장의 사무실입니다. 책상 위에 컴퓨터, 커피와 서류가 있습니다. 커피는 컴퓨터의 오른쪽에 있고, 컴퓨터 앞에는 서류가 있습니다.

* Unit 03 *

회화 ①

A 선생님, 저희 식당에 오신 것을 환영합니다! 무엇을 주문하시겠습니까?
B 커피 한 잔 주세요. 얼마죠?
A 30위안입니다.
B 네, 돈 드릴게요.

회화 ②

A 저기요(종업원), 얼마예요?
B 커피가 40위안, 차가 38위안입니다.
A 신용카드로 결제할게요. 여기 제 신용카드요.
B 감사합니다. 또 오세요!

A 우리 한잔하러 갈까요?
B 어디 가서 마시죠?
A 앞에 저 식당의 맥주가 맛있더라고요.
B 네, 우리 좀 마시러 가요.

단문

　저와 왕 비서는 회사 식당에 가서 밥을 먹습니다. 우리는 요리 네 개를 시켰습니다. 저는 커피를 좀 마셨고, 왕 비서는 맥주를 좀 마셨습니다. 리 사장님도 식당에 있고, 그는 차를 좀 마셨습니다. 식당의 종업원은 매우 좋고, 요리도 맛있고, 커피 역시 매우 맛있습니다.

* Unit 04 *

회화 ①

A 오늘 슈퍼마켓에 사람이 정말 많네요!

B 저녁에는 슈퍼마켓에 사람이 많고, 오전에는 사람이 적어요.

A 일요일 슈퍼마켓의 과일은 정말 싸요. 우리 가서 좀 사죠.

B 좋아요! 몇 시에 가죠?

A 우리 오후 6시에 슈퍼마켓에서 만날까요?

B 네, 문제없어요.

회화 ②

A 중국의 슈퍼마켓은 토요일에 쉬나요?

B 쉬지 않아요. 토요일에 슈퍼마켓에는 사람이 많아요!

A 우리 슈퍼마켓에 가서 중국차를 좀 사죠.

B 네, 중국차는 정말 맛있어요.

A 우리 저녁에 슈퍼마켓에 가는 게 어때요?

B 문제없어요!

단문

오늘 오전에 저는 슈퍼마켓에 갔습니다. 슈퍼마켓에 사람이 많지 않았습니다. 저는 커피, 맥주, 과일과 채소를 샀습니다. 커피와 맥주는 매우 싸고, 과일과 채소는 매우 비쌉니다.

* Unit 05 *

회화 ①

A 내일 저녁 제가 미스터 야마구치에게 식사를 대접할 거예요. 식당 예약을 좀 해 주세요.

B 네, 리 사장님. 중국요리로 드세요?

A 미스터 야마구치가 일본인이니 일본요리로 먹죠.

B 네, 두 분이신가요?

A 네 명이에요. 왕 사장과 미스 메리도 갑니다.

B 네, 알겠습니다.

회화 ②

A 안녕하세요!

B 안녕하세요! 저는 24일 베이징으로 가는 비행기 표를 예약하겠습니다.

A 오전 10시, 괜찮으신가요?

B 괜찮습니다.

A 성함이 어떻게 되세요?

B 저는 리짜이텐(이재천)이라고 하고, 한국인입니다. 제 여권번호는 M20502782입니다.

A 네, 예약되었습니다.

B 감사합니다! 안녕히 계세요!

단문

리 사장님, 비행기 표는 제가 예매했습니다. 11월 23일 오전 10시입니다. 제가 예약한 호텔은 징베이 호텔로 23일부터 26일까지입니다. 오늘 저녁 사장님이 미스터 야마구치에게 식사 대접하실 식당도 예약했습니다. 6시에 일본 식당입니다.

* Unit 06 *

회화 ①

A 좋은 아침입니다. 미스터 첸.
오늘 어떻게 지내셨나요?

B 저는 좋아요. 당신은요?

A 저는 조금 피곤하네요.

B 왜요?

A 일이 너무 바빠요.

회화 ②

A 바쁘세요?

본문 해석

B 그렇게 바쁘지는 않아요. 당신은 어때요?
A 저는 정말 바빠요. 새로운 직장을 찾았어요.
B 어느 회사로 가셨어요?
A CTI 회사요.
B 당신은 이 일이 좋나요?
A 저는 이 일이 너무 좋아요.

단문

저는 새 직장을 찾았습니다. 지금 저는 CTI 회사에서 일합니다. 비록 일이 조금 바빠서 저도 조금 피곤하지만 이 일이 정말 좋습니다.

✱ Unit 07 ✱

회화 ①

A 왕 사장이 탄 게 몇 시 비행기죠?
B 3시요. 이미 도착했습니다.
A 그는 안경을 썼나요?
B 썼습니다.
A 검은색 양복을 입은 저분인가요?
B 그런 것 같습니다.

회화 ②

A 내일 우리 새 동료가 출근합니다.
B 그래요? 남자인가요 여자인가요?
A 여자입니다. 당신이 아시는 분이에요. 어제 우리 같이 커피를 마셨어요.
B 머리가 긴 분인가요 아니면 짧은 분인가요?
A 머리가 긴 그 아가씨. 그녀는 장환이라고 해요.
B 알겠습니다.

단문

제가 저의 남자 동료 한 분을 소개하겠습니다. 그는 가오페이라고 합니다. 그의 머리는 검은색이고 짧습니다. 그는 하얀색 안경을 쓰고 있습니다. 그는 양복 입는 것과 넥타이 매는 것을 좋아합니다. 그는 제 왼쪽에 앉아 있습니다. 저는 그와 함께 맥주 마시는 것을

좋아합니다.

✱ Unit 08 ✱

회화 ①

A 당신은 무엇을 좋아하세요?
B 저의 취미는 노래 부르는 것이에요. 당신은요?
A 저는 수영하는 것을 좋아합니다.

A 당신은 여행 좋아하세요?
B 저는 여행을 정말 좋아해요.
A 어디를 가 보셨어요?
B 미국과 일본에 가 본 적이 있습니다.

회화 ②

A 당신은 매일 달리기하러 가나요?
B 매일 가요.
A 매일 언제 달리기하러 가나요?
B 매일 출근 전과 퇴근 후에 달리기하러 갑니다.

A 퇴근 후에 무엇을 하는 걸 좋아하세요?
B 저는 친구와 함께 밥 먹는 걸 좋아합니다.
A 어떤 요리를 좋아하세요?
B 저는 어떤 요리도 다 좋아해요.

단문

퇴근 후에 당신들은 무엇을 하는 걸 좋아하나요? 리 사장은 노래하러 가는 걸 좋아하고, 미스터 가오는 저녁에 달리기하러 가는 걸 좋아하고, 미스 리는 친구와 함께 여행 가는 것을 좋아합니다. 금요일 저녁에 우리는 같이 노래 부르러 가고, 토요일에는 함께 달리기하러 가고, 일요일에는 같이 여행을 갑니다.

✱ Unit 09 ✱

회화 ①

A 당신은 매일 어떻게 출근해요?

B 저희 집은 회사에서 정말 가까워요. 저는 매일 걸어서 출근해요. 당신은요?

A 저희 집은 회사에서 멀어요. 저는 매일 운전해서 출근해요.

A 당신은 매일 어떻게 출근해요?

B 저는 35번 버스를 타요.

A 버스를 타면 얼마나 걸려요?

B 한 시간 남짓 걸려요.

회화 ②

A 당신은 매일 어떻게 출근해요?

B 저는 매일 지하철을 타고 출근해요. 당신은요?

A 지하철은 비록 빠르지만 사람이 너무 많아요. 저는 운전해서 출근해요.

A 당신은 매일 어떻게 출근해요?

B 저는 지하철을 타요.

A 몇 정거장을 가나요?

B 다섯 정거장이요.

단문

   당신들은 매일 어떻게 출근해요? 리하오의 집은 회사에서 가까워서 그녀는 매일 걸어서 출근하고 10분 정도 걸려요. 저의 집은 회사에서 멀어서 지하철을 타고 출근하고 10 정거장을 가야 해요. 지하철은 빠르지만 사람이 너무 많아요. 리 사장님 집도 멀어서 운전해서 출근하고 한 시간 걸려요. 장잉의 집은 그다지 멀지 않아서 그녀는 매일 버스를 타고 출근하고 30분 정도 걸려요.

* Unit 10 *

회화 ①

A 실례합니다. 당신의 학교는 어디에 있어요?

B 우리 학교는 CBD(중앙상업지구)에 있어요.

A 여기에서 멀어요?

B 멀지 않아요. 걸어서 10분 걸려요.

A 리 사장님, 사장님 회사는 어디에 있나요?

B 우리 회사는 베이징로 15호 구이펑 비즈니스 센터에 있어요.

A 베이징역의 서쪽에 있나요?

B 네, 베이징역의 서쪽에 있습니다.

회화 ②

A 가오 사장님, 사장님 회사는 어디에 있나요?

B 우리는 산유 비즈니스 센터 16층에 있어요.

A CBD에 있나요?

B 아니요. 저희 회사는 우루교 남쪽에 있는 산유 상업 센터입니다.

A 우루교 남쪽의 산유 상업 센터, 감사합니다. 오후에 뵙겠습니다.

B 네, 오후에 뵙죠.

단문

   우리 회사는 CBD의 가오위안 비즈니스 센터에 있습니다. 건물의 동쪽에는 지하철역이 하나 있고 서쪽에는 슈퍼마켓이 하나 있습니다. 남쪽에는 병원이 하나 있고 북쪽에는 학교가 하나 있습니다. 저는 매일 지하철을 타고 출근합니다. 퇴근 후에는 중국어 공부하러 갑니다.

* Unit 11 *

회화 ①

A 내일 날씨는 어때요?

B 내일은 맑아요.

A 오늘은 날이 흐려요. 잠시 후에 비가 올까요?

B 신문에서 오늘 비가 올 거래요.

A 어제 비가 내렸어요. 오늘은 아마 비가 내리지 않을 거예요.

B 비가 내려도 괜찮아요. 저는 우산을 가져왔어요.

본문 해석

회화 ②

A 신문에서 오늘 날씨가 어떻다고 했나요?
B 맑은 날이지만 바람이 분다고 하네요.
A 오늘 정말 춥네요. 최고 온도가 몇 도죠?
B 5도예요. 최저 온도는 영하 3도고요.
A 어제보다 춥네요.
B 네, 요즘 너무 추워요.

단문

　오늘 오전은 날이 흐리고 오후는 아마 비가 내릴 것 같습니다. 신문에서는 내일은 맑고 바람이 불고 온도가 오늘보다 높지 않을 거라 합니다. 리 사장은 온도가 높지 않고 한국보다 추운 베이징의 비 오는 날씨를 좋아합니다. 저는 비가 내리는 것을 좋아하지 않습니다. 비가 내리는 날은 맑을 때보다 온도가 낮고 조금 춥습니다.

* Unit 12 *

회화 ①

A 장 사장님, 제가 몸이 좀 안 좋아서요. 먼저 병원에 갔다가 다시 출근하고 싶습니다.
B 그래요. 우선 가 보세요.
A 감사합니다. 또 뵙겠습니다.
B 또 봐요.

A 어디가 불편하세요?
B 저는 여기가 아프고, 이쪽도 불편해요.
A 제가 보겠습니다. 열은 없네요. 감기에 걸리셨네요. 우선 약을 조금 드시죠.
B 네, 감사합니다.

회화 ②

A 몸은 좀 좋아졌어요?
B 약을 좀 먹었어요. 곧 좋아질 거예요.
A 너무 피곤하신 것 같아요. 푹 쉬세요.
B 너무 바쁘네요.

A 내일은 토요일이니 좀 쉴 수 있겠네요.
B 네, 잘 좀 쉬어야겠어요.

단문

　리 사장님, 안녕하세요. 저는 왕환입니다. 제가 병이 나서 오늘 진료를 받으러 갔습니다. 의사 말로는 감기에 걸렸고 열이 조금 있으니 푹 쉬라고 합니다. 제가 집에서 이틀 쉬고 싶은데 괜찮을까요? 감사합니다.

* Unit 13 *

회화 ①

A 왕 비서, 제게 남긴 메모가 있나요?
B 있습니다. 여기 메모입니다.
A 감사합니다.

A 안녕하세요. 말씀 좀 묻겠습니다. 왕 사장님 계신가요?
B 지금 회의 중이십니다. 사장님께 메모를 남기시겠습니까?
A 저는 CTI 회사의 왕환입니다. 제가 내일 출장을 가야 해서 사장님과 만날 수 없다고 전해 주세요.
B 네, 제가 전하도록 하겠습니다.

회화 ②

A 안녕하세요. 말씀 좀 묻겠습니다. 리 사장님 계신가요?
B 사장님은 지금 안 계십니다.
A 제가 사장님께 메모를 남길 수 있을까요?
B 네, 말씀하세요.
A 저는 CTI 회사의 가오샤오밍입니다. 사장님께 제게 전화를 달라고 해 주세요. 제 전화번호는 010-1234-5678입니다.
B 네, 제가 리 사장님께 전하겠습니다.

단문

안녕하세요. 리 사장님. 저는 CTI 회사의 리하오입니다. 제가 병이 나서 집에서 좀 쉬려고 합니다. 다음 주 월요일에 사장님과 회의할 수 없을 것 같습니다. 제가 금요일에 출근하는데, 금요일에 회의해도 괜찮을까요? 저에게 전화해 주세요. 감사합니다.

* Unit 14 *

회화 ①

A 죄송하지만, 길 좀 비켜주시겠어요.
B 죄송합니다.
A 정말 감사합니다!

A 손님, 여기 (주문하신) 커피입니다.
B 커피요? 제가 시킨 것은 차예요.
A 정말 죄송합니다. 제가 잘못 썼네요.
B 괜찮습니다.

회화 ②

A 정말 죄송합니다. 제가 30분 늦게 도착할 것 같습니다.
B 괜찮습니다. 제가 기다리겠습니다.

A 미스 왕, 오늘 회사에 계신가요?
B 죄송합니다. 저는 오늘 쉬어요.
A 우리 4일에 만나기로 하지 않았나요?
B 아니요. 저희는 10일에 만나기로 했습니다.
A 정말 죄송합니다. 제가 아마 잘못 들었나 봐요.
B 괜찮습니다.

단문

오늘 저는 실수를 많이 했습니다. 가오페이는 저에게 커피를 사 달라고 했는데 저는 잘못 사서 차를 샀습니다. 리하오는 저에게 3시에 회의하자고 했는데 제가 잘못 들어 두 시에 가서 한 시간을 기다렸습니다. 왕환은 저에게 왕 사장의 전화번호를 알려 달라고 했는데 제가 잘못 말해서 리 사장의 전화번호를 알려 줬습

니다. 저 왜 이러죠?

* Unit 15 *

회화 ①

A 도움이 필요하세요?
B 네, 부근에 지하철역이 있나요?.
A 있어요. 동쪽으로 300m 가시면 도착합니다.
B 감사합니다!

A 죄송합니다만 베이징역에 가려면 어떻게 가야 하나요? 제가 기차를 타야 해서요.
B 북쪽으로 가시다가 왼쪽으로 돌면 바로 도착합니다.
A 여기서 얼마나 멀죠?
B 10분 정도 걸어가면 도착해요.

회화 ②

A 도움이 필요하세요?
B 죄송합니다만 근처에 화장실이 있나요?
A 지하철역 안에 있어요. 쭉 가시면 나옵니다.
B 여기서 얼마나 멀어요?
A 100여 미터 정도요.
B 감사합니다.
A 아닙니다.

단문

베이징병원에 어떻게 가시나요? 5번 버스를 타고 베이징병원역에서 내리면 됩니다. 한 시간 정도 걸려요. 버스 정거장은 가까워서 동쪽으로 100여 미터 걷다가 왼쪽으로 돌면 바로 도착합니다. 지하철을 타도 됩니다. 지하철이 버스보다 빨라요. 베이징역에서 내리면 되는데 30여 분 정도면 도착합니다. 지하철역은 서쪽으로 계속해서 10여 분 정도 걷다 보면 도착합니다.

모범 답안 및 녹음 대본

＊ Unit 01 ＊

회화 ① 연습
STEP 1 **1** 左边是李经理，右边是周先生。
2 后面是王秘书。

회화 ② 연습
STEP 1 **1** 不客气。

단문 연습
STEP 1 **1** X 今天她第一天上班。
2 V
3 X 经理的办公室右边是秘书的办公室。

STEP 2 **1** 他的办公室在六层。
2 去王经理的办公室坐二号电梯。
3 秘书的办公室在六层，是经理的办公室左边。

종합 연습
1 (1) V (2) V

🎧 녹음
(1) 洗手间   (2) 往前走

2 (1) A (2) B

🎧 녹음
(1) A 李经理后面是谁？
B 后面是王秘书。
질문) 王秘书前面是谁？
(2) A 李秘书，王经理的办公室在哪儿？
B 他的办公室在五零一。
A 五零一在哪儿？
B 您往前走。
질문) 他们最可能在几层？

3 往，在，是，右边

4 (1) 李经理后面是谁？
(2) 今天我第一天上班。
(3) 往前走是经理的办公室。

＊ Unit 02 ＊

회화 ① 연습
STEP 1 **1** 不在。
2 在文件下边。

회화 ② 연습
STEP 1 **1** 在您的桌子上。

STEP 3 **1** 上面是汉语书，下面是英语书。

단문 연습
STEP 1 **1** X 王经理的桌子上有电脑、咖啡和文件。
2 X 电脑的前面是文件。
3 V

STEP 2 **1** 他的桌子上有电脑、咖啡和文件。
2 咖啡左边有电脑。
3 文件在电脑的前面。

종합 연습
1 (1) X (2) X

🎧 녹음
(1) 桌子
(2) 桌子上有电脑、咖啡和文件。

2 (1) C (2) B

196

🎧 녹음

(1) A 山口先生的名片在哪儿?

B 在您的桌子上。

질문) 名片在哪儿?

(2) A 我的护照在哪儿? 我下周出差。

B 在您的桌子上。

A 知道了,谢谢!

질문) 男的在找什么?

3 什么,送来的,下面,一下

4 (1) 在文件上边吗?

(2) 桌子上有电脑、咖啡和文件。

＊ Unit 03 ＊

회화 ① 연습

STEP 1 **1** 来杯咖啡吧。

2 三十元。

회화 ② 연습

STEP 1 **1** 好,我们去喝点儿。

STEP 3 **1** 啤酒五十元,果汁三十元。

단문 연습

STEP 1 **1** X 他和王秘书去公司餐厅吃饭。

2 V

3 X 餐厅的菜很好吃,咖啡也很好喝。

STEP 2 **1** 王秘书喝了啤酒。

2 他们点了四个菜。

3 餐厅的服务员很好。

종합 연습

1 (1) V   (2) X

🎧 녹음

(1) 好吃   (2) 我们点了四个菜。

2 (1) C   (2) B

🎧 녹음

(1) A 我们来点儿啤酒吧。

B 好,干杯。

질문) 他们在做什么?

(2) A 请给我们送点儿啤酒。

B 您在哪个房间?

A 我在四零八房间。

B 好的。

질문) 男的在哪个房间?

3 杯,喝,好,点儿

4 (1) 您来点儿什么?

(2) 我们去喝一杯吧。

(3) 王秘书喝了点儿啤酒。

＊ Unit 04 ＊

회화 ① 연습

STEP 1 **1** 晚上超市的人多,上午人少。

2 好的,没问题。

회화 ② 연습

STEP 1 **1** 不休息,星期六超市的人很多!

2 行,中国茶很好喝。

단문 연습

STEP 1 **1** X 今天上午她去超市了。

2 X 她买了咖啡、啤酒,水果和菜。

3 V

STEP 2 **1** 超市人不多。

모범 답안 및 녹음 대본

2 她买了咖啡、啤酒，水果和菜。
3 咖啡和啤酒很便宜。

종합 연습

1 (1) X   (2) V

🎧 녹음

(1) 海鲜
(2) 今天上午我去超市了，超市人不多。

2 (1) A   (2) B

🎧 녹음

(1) A 今天超市的人真多！
   B 晚上超市的人多，上午人少。
   질문) 超市什么时候人比较少？
(2) A 星期天超市的水果很便宜，我们去买
     点儿吧。
   B 好啊！几点去？
   A 我们下午六点在超市见？
   B 好的，没问题。
   질문) 他们几点见面？

3 不，买点儿，好喝，怎么样

4 (1) 星期六超市的人很多！
   (2) 我们去超市买点儿中国茶吧。
   (3) 我买了 咖啡、啤酒，水果和菜。

---

* **Unit 05** *

회화 ① 연습

STEP 1 **1** 山口先生是日本人，吃日本菜吧。

회화 ② 연습

STEP 1 **1** 上午十点，可以吗？

단문 연습

STEP 1 **1** V
2 X 李经理在京北宾馆住三天。
3 V

STEP 2 **1** 他坐飞机去。
2 他住三天。
3 他今天晚上请山口先生吃饭。

종합연습

1 (1) X   (2) V

🎧 녹음

(1) 飞机票
(2) 山口先生是日本人，吃日本菜吧。

2 (1) C   (2) B

🎧 녹음

(1) A 王秘书，请你来一下我的办公室。
   B 好的。
   질문) 男的最可能在哪儿？
(2) A 明天晚上，我请山口先生吃饭，你订
     一下餐厅。
   B 好的，李经理。吃中国菜吗？
   A 山口先生是日本人，吃日本菜吧。
   B 好的。
   질문) 李经理和山口先生明天晚上吃什么
     菜？

3 请，订，两，四

4 (1) 你订一下餐厅。
   (2) 我订一张二十四号去北京的飞机票。
   (3) 飞机票我订好了。

✦ Unit 06 ✦

회화 ① 연습
STEP 1 1 我很好。

회화 ② 연습
STEP 1 1 我挺喜欢这个工作的。

단문
STEP 1 1 V
2 X 他工作有点儿忙。
3 X 他很喜欢自己的工作。

STEP 2 1 他现在在CTI公司工作。
2 他有点儿累。 / 他工作有点儿忙。
3 他很喜欢自己的工作。

종합 연습
1 (1) X   (2) V

🎧녹음
(1) 喜欢   (2) 我有点儿累。

2 (1) A   (2) A

🎧녹음
(1) A 你忙吗?
B 我不忙。
질문) 男的怎么样?
(2) A 你今天过得怎么样?
B 我很好。你呢?
A 我有点儿累。
질문) 男的过得怎么样?

3 挺, 的, 新, 哪

4 (1) 你今天过得怎么样?
(2) 我挺喜欢这个工作的。
(3) 我找了一个新工作。

✦ Unit 07 ✦

회화 ① 연습
STEP 1 1 三点的, 已经到了。
2 很可能是。

회화 ② 연습
STEP 1 1 女的。
2 是长头发的那位小姐。

단문
STEP 1 1 X 高飞的头发是黑色的, 短短的。
2 X 高飞戴着白色的眼镜。
3 V

STEP 2 1 高飞是他的同事。
2 他的头发是黑色的, 短短的。他戴着白色的眼镜。他喜欢穿西装, 打领带。
3 他很喜欢和高飞一起喝啤酒。

종합 연습
1 (1) V   (2) X

🎧녹음
(1) 红色   (2) 他的头发是黑色的。

2 (1) A   (2) B

🎧녹음
(1) A 他戴眼镜吗?
B 戴。
질문) 他怎么样?
(2) A 哪位是张小明?
B 站着的那位。
A 是穿着黑色裤子的那位吗?
B 不是, 是打着红色领带的那位。
질문) 张小明怎么样?

3 到, 眼镜, 着, 可能

4 (1) 我来介绍一下我的一位男同事。
(2) 他戴着白色的眼镜。
(3) 我很喜欢和他一起喝啤酒。

✲ Unit 08 ✲

회화 ① 연습
STEP1 **1** 我去过美国。

회화 ② 연습
STEP1 **1** 我什么菜都喜欢。

단문
STEP1 **1** V
2 X 高先生喜欢晚上去跑步。
3 X 星期五他们一起去唱歌。/星期六他们一起去跑步。

STEP2 **1** 他下班后喜欢去唱歌。
2 她喜欢和朋友一起去旅游。
3 他们星期天去旅游。

종합 연습
1 (1) X   (2) V

> 🎧 녹음
> (1) 旅游
> (2) 我很喜欢和朋友一起吃饭。

2 (1) C   (2) B

> 🎧 녹음
> (1) A 你去过哪儿?
> B 我去过美国和日本。
> 질문) 男的去过哪儿?
> (2) A 你喜欢唱歌吗?
> B 我不喜欢唱歌。
> A 你喜欢做什么?
> B 我喜欢跑步。
> 질문) 男的不喜欢做什么?

3 每，都，什么时候，和

4 (1) 下班后你们喜欢做什么?
(2) 我去过美国和日本。
(3) 我的爱好是唱歌，你呢?

✲ Unit 09 ✲

회화 ① 연습
STEP1 **1** 一个多小时。

회화 ② 연습
STEP1 **1** 五站。

단문 연습
STEP1 **1** X 李好的家离公司很近。
2 V
3 X 张迎上班要坐半个小时的公共汽车。

STEP2 **1** 她每天走路上班。
2 他上班要开一个小时。
3 她坐公共汽车上班。

종합 연습
1 (1) V   (2) X

🎧 녹음
  (1) 开车
  (2) 地铁虽然很快，但是人太多了。

2 (1) C　　(2) A
🎧 녹음
  (1) A 你每天怎么来上班？
     B 我坐35路公共汽车。
     질문) 男的每天怎么来上班？
  (2) A 你每天怎么来上班？
     B 我的家离公司很近，我每天走路上班，你呢？
     A 我的家离公司很远，我每天开车上班。
     질문) 谁的家离公司近？

3 怎么，地铁，要，多少

4 (1) 你每天怎么来上班？
　　(2) 我家离公司很远。
　　(3) 我坐35路公共汽车。

---

* Unit 10 *

회화 ① 연습
STEP 1　**1** 是的。

단문 연습
STEP 1　**1** V
　　2 X 她们公司的西边有一个超市。
　　　　她们公司的南边有一个医院。
　　3 X 她下班后去学习汉语。

STEP 2　**1** 她们公司在CBD的高远商务中心。
　　2 楼的东边有一个地铁站，西边有一个超市，南边有一个医院，北边有一个学校。

---

3 她每天坐地铁来上班。

종합 연습
1 (1) V　　(2) X
🎧 녹음
  (1) 南边　　　(2) 我每天坐地铁来上班。

2 (1) C　　(2) B
🎧 녹음
  (1) A 王经理，你们公司在哪儿？
     B 我们公司在CBD的长远商务中心25层。
     질문) 王经理的公司在哪儿？
  (2) A 张经理，你们公司在哪儿？
     B 我们公司在CBD的兴贵商务中心28层。
     A 是在CBD的北边吗？
     B 不是，在CBD的东边。
     질문) 张经理的公司在哪儿？

3 哪儿，不是，南边，中心

4 (1) 我每天坐地铁来上班，下班后去学习汉语。
　　(2) 我们公司在北京路15号的贵朋商务中心。
　　(3) 楼的东边有一个地铁站。

---

* Unit 11 *

단문 연습
STEP 1　**1** V
　　2 X 报纸上说，明天是晴天，会刮风，温度没有今天高。
　　3 X 下雨的天气温度比晴天低，有点儿冷。

모범 답안 및 녹음 대본

STEP 2 **1** 今天上午是阴天，下午可能会下雨。
2 因为温度不高，比韩国冷。
3 下雨的天气温度比晴天低，有点儿冷。

종합 연습

1 (1) X   (2) V

🎧 녹음

(1) 刮风
(2) 今天上午是阴天，下午可能会下雨。

2 (1) B   (2) C

🎧 녹음

(1) A 昨天下雨了，今天可能不会下雨吧。
B 下雨也没关系，我带伞了。
질문) 谁带伞？

(2) A 北京天气怎么样？
B 下了三天的雨，今天是晴天，很热，
最高温度是三十五度。
A 下周比这周热吗？
B 是的，下周都是晴天，不会下雨。
질문) 今天最高温度是多少？

3 上，但是，最高，比

4 (1) 今天下午可能会下雨。
(2) 下雨的天气温度比晴天低。

★ Unit 12 ★

회화 ① 연습

STEP 1 **1** 我这儿疼，这儿也不舒服。

회화 ② 연습

STEP 1 **1** 我吃了点儿药，快好了。

단문 연습

STEP 1 **1** X 王欢今天去医院。
2 X 医生让王欢多休息。
3 V

STEP 2 **1** 王欢生病了。
2 医生说王欢感冒了，有点儿发烧。
3 她想在家休息两天。

종합 연습

1 (1) X   (2) V

🎧 녹음

(1) 医生   (2) 我吃了点儿药。

2 (1) B   (2) B

🎧 녹음

(1) A 张经理，我的身体不舒服，想去看医
生，然后再上班。
B 好的，你先去吧。
질문) 男的想去哪儿？

(2) A 您哪儿不舒服？
B 我这儿疼，这儿也不舒服。
A 我看看……没有发烧，你感冒了。你
先吃点儿药吧。
B 好的，谢谢您。
질문) 女的让男的做什么？

3 好些，快，可以，好好

4 (1) 我想先去看医生，然后再上班。
(2) 医生让我多休息。
(3) 我想在家休息两天。

* Unit 13 *

회화 ① 연습
STEP 1 **1** 他正在开会，您要给他留言吗?

회화 ② 연습
STEP 1 **1** 可以，您请说。

단문 연습
STEP 1 **1** V
2 X 李好下周一不能和李经理开会了。
3 X 李好让李经理回个电话。

STEP 2 **1** 她要在家休息。
2 她生病了。
3 她星期五上班。

종합 연습
1 (1) V (2) V

🎧녹음
(1) 留言
(2) 我生病了，要在家休息一下。

2 (1) A (2) C

🎧녹음
(1) A 您好，请问，王经理在吗?
B 他正在开会，您要给他留言吗?
질문) 王经理正在做什么?
(2) A 您是王经理吧?
B 是的，刚才我在开会，我们明天不能
见面了，是吗?
A 是的，我星期四回，我们星期五见面
怎么样?
B 可以，那我们星期五见吧。
질문) 他们可能什么时候见面?

3 留言，回，会，的

4 (1) 他正在开会，您要给他留言吗?
(2) 我会告诉他的。
(3) 下周一不能和您开会了。

* Unit 14 *

회화 ① 연습
STEP 1 **1** 抱歉。

회화 ② 연습
STEP 1 **1** 不是，我和你说的是十号见。

단문 연습
STEP 1 **1** V
2 X 今天她做错了很多事情。
3 X 她告诉王欢李经理的电话。

STEP 2 **1** 高飞让她买咖啡。
2 她买了茶。
3 她等了一个小时。

종합 연습
1 (1) X (2) V

🎧녹음
(1) 写   (2) 这是您的咖啡。

2 (1) B (2) C

🎧녹음
(1) A 我们不是四号见吗?
B 不是，我和您说的是十号见。
질문) 他们什么时候见面?
(2) A 先生，这是您的咖啡。
B 咖啡? 我点的是茶。
A 真不好意思，我写错了。
B 没关系。
질문) 男的点了什么?

3 不是，和，抱歉，听错

4 (1) 我要晚半个小时到。
(2) 今天我做错了很多事情。
(3) 李好让我三点开会。

3 劳驾，里，一直，多

4 (1) 在北京医院站下车就行了。
(2) 坐地铁比坐公共汽车快。

* Unit 15 *

회화 ① 연습

STEP 1 **1** 有，您往东走三百米，就到了。

단문 연습

STEP 1 **1** X 去北京医院可以坐5路公共汽车。
2 X 坐地铁比公共汽车快。
3 V

STEP 2 **1** 去北京医院坐地铁比坐公共汽车快。
2 要坐一个多小时的公共汽车。
3 公共汽车站。

종합 연습

1 (1) X   (2) V

🎧 녹음

(1) 右转　　(2) 走十分钟就到了。

2 (1) B   (2) A

🎧 녹음

(1) A 附近有地铁站吗?
B 有，您往东走三百米，就到了。
질문) 地铁站怎么走?
(2) A 请问，附近有邮局吗?
B 有，往南走三百米，然后右转，就到
了。
A 非常感谢！
B 别客气。
질문) 去邮局往南走三百米，然后怎么
走?

본문 단어 색인

중국어뱅크

똑똑한 중국어 말하기 훈련 프로그램

스마트 스피킹 중국어

张洁 저 김현철·박응석 편역

2

워크북

동양북스

간체자 쓰기

前面 qiánmiàn 명 앞	前前前前前前前前前/面面面面面面面面面				
	前面 qiánmiàn	前面 qiánmiàn			

后面 hòumiàn 명 뒤	后后后后后后/面面面面面面面面面				
	后面 hòumiàn	后面 hòumiàn			

左边 zuǒbian 명 왼쪽	左左左左左/边边边边边				
	左边 zuǒbian	左边 zuǒbian			

右边 yòubian 명 오른쪽	右右右右右/边边边边边				
	右边 yòubian	右边 yòubian			

往 wǎng 개 ~쪽으로 ~(을) 향해	往往往往往往往往				
	往 wǎng	往 wǎng			

走 zǒu 동 걷다, 가다	走走走走走走走				
	走 zǒu	走 zǒu			

W01-01
회화①

A 前面那几位是谁？

B 左边是李经理，右边是周先生。

A 李经理后面是谁？

B 后面是王秘书。

W01-02
회화②

A 李秘书，对不起，请问，洗手间在哪儿？

B 往前走。

A 在电梯那儿吗？

B 是，在电梯的右边。

A 谢谢你，李秘书。

B 不客气。

W01-03
단문

今天我第一天上班，李秘书给我介绍了一下。王经理的办公室在六层，可以坐二号电梯，电梯的左边是洗手间，往前走是经理的办公室，经理的办公室右边是秘书的办公室。

🎧 W01-04

회화 ①

A _____

`Hint` Qiánmiàn nà jǐ wèi shì shéi?

B _____

Zuǒbian shì Lǐ jīnglǐ, yòubian shì Zhōu xiānsheng.

A _____

Lǐ jīnglǐ hòumiàn shì shéi?

B _____

Hòumiàn shì Wáng mìshū.

🎧 W01-05

회화 ②

A _____

`Hint` 리 비서, 미안한데요, 화장실이 어디인가요?

B _____

앞으로 가시면 됩니다.

A _____

엘리베이터가 있는 저쪽인가요?

B _____

네, 엘리베이터의 오른쪽에 있습니다.

A _____

고마워요, 리 비서.

B _____

별말씀을요.

STEP 4 빈칸 채우기

단문

		今	天	我				上	班	,	李	秘	书		我
		了	一	下	。	王	经	理	的	办	公	室	在	六	,
可	以		二		电	梯	,	电	梯	的			是	洗	手
间	,		前		是	经	理	的	办	公	室	,	经	理	的
办	公	室			是	秘	书	的	办	公	室	。			

Hint 오늘은 제가 처음 출근하는 날입니다. 리 비서가 저 에게 소개해 줬습니다.
왕 사장님의 사무실은 6층이고, 2호 엘리베이터를 타면 됩니다.
엘리베이터 왼쪽은 화장실이고, 앞으로 가면 사장님의 사무실입니다.
사장님 사무실 오른쪽은 비서의 사무실입니다.

STEP 5 대화 연습하기

🎧 W01-06

회화① – B 역할
– A 역할

🎧 W01-07

회화② – B 역할
– A 역할

STEP 1 간체자 쓰기

桌子 zhuōzi 명 책상	桌 桌 桌 桌 桌 桌 桌 桌 桌 桌 / 子 子 子		
	桌子 zhuōzi	桌子 zhuōzi	

文件 wénjiàn 명 서류	文 文 文 文 / 件 件 件 件 件 件		
	文件 wénjiàn	文件 wénjiàn	

上面 shàngmiàn 명 위	上 上 上 / 面 面 面 面 面 面 面 面 面		
	上面 shàngmiàn	上面 shàngmiàn	

下面 xiàmiàn 명 아래	下 下 下 / 面 面 面 面 面 面 面 面 面		
	下面 xiàmiàn	下面 xiàmiàn	

电脑 diànnǎo 명 컴퓨터	电 电 电 电 电 / 脑 脑 脑 脑 脑 脑 脑 脑 脑 脑		
	电脑 diànnǎo	电脑 diànnǎo	

咖啡 kāfēi 명 커피	咖 咖 咖 咖 咖 咖 咖 咖 / 啡 啡 啡 啡 啡 啡 啡 啡 啡 啡 啡		
	咖啡 kāfēi	咖啡 kāfēi	

들으면서 따라 쓰기

🎧 W02-01

회화①

A 我的护照在哪儿？

B 在桌子上吗？

A 不在。

B 在文件上边吗？

A 找到了，在文件下边。

🎧 W02-02

회화②

A 经理，这是今天的两个文件。

B 什么文件？

A 上面这个是山口先生送来的，下面这个是银行的。

B 好的，知道了。你去打印一下这个文件。

A 好的。

B 我的护照在哪儿？我下周出差。

A 在您的桌子上。

B 知道了，谢谢！

🎧 W02-03

단문

　　这是王经理的办公室，桌子上有电脑、咖啡和文件。咖啡在电脑的右边；电脑的前面是文件。

STEP **3** 듣고 받아 쓰기

🎧 W02-04

회화 ①

A

⠀⠀⠀⠀⠀⠀⠀⠀⠀⠀⠀⠀⠀⠀⠀⠀⠀⠀⠀**Hint** Wǒ de hùzhào zài nǎr?

B

⠀⠀⠀⠀⠀⠀⠀⠀⠀⠀⠀⠀⠀⠀⠀⠀⠀⠀⠀Zài zhuōzi shang ma?

A

⠀⠀⠀⠀⠀⠀⠀⠀⠀⠀⠀⠀⠀⠀⠀⠀⠀⠀⠀Bú zài.

B

⠀⠀⠀⠀⠀⠀⠀⠀⠀⠀⠀⠀⠀⠀⠀⠀⠀⠀⠀Zài wénjiàn shàngbian ma?

A

⠀⠀⠀⠀⠀⠀⠀⠀⠀⠀⠀⠀⠀⠀⠀⠀⠀⠀⠀Zhǎodào le, zài wénjiàn xiàbian.

🎧 W02-05

회화 ②

A

⠀⠀⠀⠀⠀⠀⠀⠀⠀⠀⠀⠀⠀⠀⠀⠀⠀⠀**Hint** 사장님, 이건 오늘 서류 두 건입니다.

B

⠀⠀⠀⠀⠀⠀⠀⠀⠀⠀⠀⠀⠀⠀⠀⠀⠀⠀⠀어떤 서류죠?

A

⠀⠀⠀⠀⠀⠀⠀⠀위에 이것은 미스터 야마구치가 보내온 것이고, 아래에 이것은 은행 서류입니다.

B

⠀⠀⠀⠀⠀⠀⠀⠀⠀⠀⠀⠀⠀⠀⠀⠀⠀⠀⠀네, 알겠습니다. 이 서류를 인쇄해 주세요.

A

⠀⠀⠀⠀⠀⠀⠀⠀⠀⠀⠀⠀⠀⠀⠀⠀⠀⠀⠀네.

B

⠀⠀⠀⠀⠀⠀⠀⠀⠀⠀⠀⠀⠀⠀⠀제 여권이 어디에 있죠? 저는 다음 주에 출장 갑니다.

A

⠀⠀⠀⠀⠀⠀⠀⠀⠀⠀⠀⠀⠀⠀⠀⠀⠀⠀⠀사장님 책상 위에 있습니다.

B

⠀⠀⠀⠀⠀⠀⠀⠀⠀⠀⠀⠀⠀⠀⠀⠀⠀⠀⠀알겠습니다, 고마워요!

STEP 4 빈칸 채우기

단문

		这	是	王	经	理	的			，	桌	子		有
电	脑	、	咖	啡		文	件	。	咖	啡		电	脑	的
	；	电	脑	的		是	文	件	。					

Hint 이것은 왕 사장의 사무실입니다. 책상 위에 컴퓨터, 커피와 서류가 있습니다.
커피는 컴퓨터의 오른쪽에 있고, 컴퓨터의 앞에는 서류가 있습니다.

STEP 5 대화 연습하기

W02-06
회화① − B 역할
− A 역할

W02-07
회화② − B 역할
− A 역할

STEP 1 간체자 쓰기

餐厅 cāntīng 몡 식당	餐餐餐餐餐餐餐餐餐餐餐餐餐餐餐 / 厅 厅 厅 厅			
	餐厅 cāntīng	餐厅 cāntīng		

来 lái 동 (어떤 동작·행동을) 하다	来来来来来来来			
	来 lái	来 lái		

杯 bēi 양 잔	杯杯杯杯杯杯杯杯			
	杯 bēi	杯 bēi		

喝 hē 동 마시다	喝喝喝喝喝喝喝喝喝喝喝喝			
	喝 hē	喝 hē		

啤酒 píjiǔ 몡 맥주	啤啤啤啤啤啤啤啤啤啤 / 酒酒酒酒酒酒酒酒酒酒			
	啤酒 píjiǔ	啤酒 píjiǔ		

点 diǎn 동 주문하다	点点点点点点点点点			
	点 diǎn	点 diǎn		

W03-01

회화①

A 先生，欢迎来我们餐厅！您来点儿什么？

B 来杯咖啡吧。多少钱？

A 三十元。

B 好的，给您钱。

W03-02

회화②

A 服务员，多少钱？

B 咖啡四十元，茶三十八元。

A 我刷信用卡，这是我的信用卡。

B 谢谢，欢迎再来！

A 我们去喝一杯吧？

B 去哪儿喝？

A 前面那个餐厅的啤酒很好喝。

B 好，我们去喝点儿。

W03-03

단문

　　我和王秘书去公司餐厅吃饭。我们点了四个菜。我喝了点儿咖啡，王秘书喝了点儿啤酒。李经理也在餐厅，他喝了点儿茶。餐厅的服务员很好，菜很好吃，咖啡也很好喝。

STEP 3 듣고 받아 쓰기

🎧 W03-04

회화 ①

A

> **Hint** Xiānsheng, huānyíng lái wǒmen cāntīng! Nín lái diǎnr shénme?

B

> Lái bēi kāfēi ba. Duōshao qián?

A

> Sānshí yuán.

B

> Hǎo de, gěi nín qián.

🎧 W03-05

회화 ②

A

> **Hint** 저기요(종업원), 얼마예요?

B

> 커피가 40위안, 차가 38위안입니다.

A

> 신용카드로 결제할게요. 여기 제 신용카드요.

B

> 감사합니다. 또 오세요!

A

> **Hint** 우리 한잔하러 갈까요?

B

> 어디 가서 마시죠?

A

> 앞에 저 식당의 맥주가 맛있더라고요.

B

> 네, 우리 좀 마시러 가요.

단문

		我		王	经	理	去	公	司	餐	厅			。	我
们		了				。	我		了	点	儿			，	王
秘	书		了	点	儿			。	李	经	理		在	餐	厅,
他		了	点	儿		。	餐	厅	的				很	好	，
菜	很			，	咖	啡	也	很			。				

Hint 저와 왕 비서는 회사 식당에 가서 밥을 먹습니다. 우리는 요리 네 개를 시켰습니다.
저는 커피를 좀 마셨고, 왕 비서는 맥주를 좀 마셨습니다.
리 사장님도 식당에 있고, 그는 차를 좀 마셨습니다.
식당의 종업원은 매우 좋고, 요리도 맛있고, 커피 역시 매우 맛있습니다.

STEP 5 대화 연습하기

🎧 W03-06
회화 ①
－ B 역할
－ A 역할

🎧 W03-07
회화 ②
－ B 역할
－ A 역할

STEP 1 간체자 쓰기

超市 chāoshì 명 슈퍼마켓	超 超 超 超 超 超 超 超 超 超 超 超 / 市 市 市 市 市			
	超市 chāoshì	超市 chāoshì		

多 duō 형 많다	多 多 多 多 多 多			
	多 duō	多 duō		

少 shǎo 형 적다	少 少 少 少			
	少 shǎo	少 shǎo		

便宜 piányi 형 싸다, 저렴하다	便 便 便 便 便 便 便 便 便 / 宜 宜 宜 宜 宜 宜 宜 宜			
	便宜 piányi	便宜 piányi		

买 mǎi 동 사다	买 买 买 买 买 买			
	买 mǎi	买 mǎi		

问题 wèntí 명 문제, 질문	问 问 问 问 问 问 / 题 题 题 题 题 题 题 题 题 题 题 题 题			
	问题 wèntí	问题 wèntí		

W04-01

회화①

A 今天超市的人真多！

B 晚上超市的人多，上午人少。

A 星期天超市的水果很便宜，我们去买点儿吧。

B 好啊！几点去？

A 我们下午六点在超市见？

B 好的，没问题。

W04-02

회화②

A 中国的超市星期六休息吗？

B 不休息，星期六超市的人很多！

A 我们去超市买点儿中国茶吧。

B 行，中国茶很好喝。

A 我们晚上去超市，怎么样？

B 没问题！

W04-03

단문

今天上午我去超市了，超市人不多。我买了咖啡、啤酒，水果和菜。咖啡和啤酒很便宜，水果和菜很贵。

🎧 W04-04

회화 ①

A _____

🔊Hint Jīntiān chāoshì de rén zhēn duō!

B _____

Wǎnshang chāoshì de rén duō, shàngwǔ rén shǎo.

A _____

🔊Hint Xīngqītiān chāoshì de shuǐguǒ hěn piányi, wǒmen qù mǎi diǎnr ba.

B _____

Hǎo a! Jǐ diǎn qù?

A _____

Wǒmen xiàwǔ liù diǎn zài chāoshì jiàn?

B _____

Hǎo de, méi wèntí.

🎧 W04-05

회화 ②

A _____

🔊Hint 중국의 슈퍼마켓은 토요일에 쉬나요?

B _____

쉬지 않아요. 토요일에 슈퍼마켓에는 사람이 많아요!

A _____

우리 슈퍼마켓에 가서 중국차를 좀 사죠.

B _____

네, 중국차는 정말 맛있어요.

A _____

우리 저녁에 슈퍼마켓에 가는 게 어때요?

B _____

문제없어요!

STEP 4 빈칸 채우기

단문

		今	天	上	午	我	去			了	，				人	不
	。	我			咖	啡	、	啤	酒	，	水	果		菜	。	
咖	啡		啤	酒	很			，	水	果		菜	很		。	

Hint 오늘 오전에 저는 슈퍼마켓에 갔습니다. 슈퍼마켓에 사람이 많지 않았습니다.
저는 커피, 맥주, 과일과 채소를 샀습니다.
커피와 맥주는 매우 싸고, 과일과 채소는 매우 비쌉니다.

STEP 5 대화 연습하기

🎧 W04-06

회화 ① – B 역할
– A 역할

🎧 W04-07

회화 ② – B 역할
– A 역할

请 qǐng 동 초청하다, 부르다	请 请 请 请 请 请 请 请 请 请
	请 qǐng	请 qǐng		

菜 cài 명 요리	菜 菜 菜 菜 菜 菜 菜 菜 菜 菜 菜
	菜 cài	菜 cài		

票 piào 명 표	票 票 票 票 票 票 票 票 票 票 票
	票 piào	票 piào		

好 hǎo 형 동사 뒤에 쓰여 완성을 나타냄	好 好 好 好 好 好
	好 hǎo	好 hǎo		

护照 hùzhào 명 여권	护 护 护 护 护 护 护 / 照 照 照 照 照 照 照 照 照 照 照 照 照
	护照 hùzhào	护照 hùzhào		

宾馆 bīnguǎn 명 호텔	宾 宾 宾 宾 宾 宾 宾 宾 宾 宾 / 馆 馆 馆 馆 馆 馆 馆 馆 馆 馆 馆
	宾馆 bīnguǎn	宾馆 bīnguǎn		

🎧 W05-01

회화①

A 明天晚上，我请山口先生吃饭，你订一下餐厅。

B 好的，李经理。吃中国菜吗?

A 山口先生是日本人，吃日本菜吧。

B 好的。两个人吗?

A 四个人，王经理和玛丽小姐也去。

B 好的，我知道了。

🎧 W05-02

회화②

A 您好!

B 您好! 我订一张二十四号去北京的飞机票。

A 上午十点，可以吗?

B 可以。

A 您贵姓?

B 我叫李在天，我是韩国人，我的护照号码是M20502782。

A 好的，订好了。

B 谢谢! 再见!

🎧 W05-03

단문

　　李经理，飞机票我订好了，十一月二十三号上午十点。宾馆我订的是京北宾馆，二十三号到二十六号。今天晚上您请山口先生吃饭的餐厅也订好了，六点在日本餐厅。

🎧 W05-04

회화 ①

A
_____

🔘Hint Míngtiān wǎnshang, wǒ qǐng Shānkǒu xiānsheng chī fàn, nǐ dìng yíxià cāntīng.

B
_____

Hǎo de, Lǐ jīnglǐ. Chī zhōngguócài ma?

A
_____

Shānkǒu xiānsheng shì Rìběnrén, chī rìběncài ba.

B
_____

Hǎo de. Liǎng ge rén ma?

A
_____

Sì ge rén, Wáng jīnglǐ hé Mǎlì xiǎojiě yě qù.

B
_____

Hǎo de, wǒ zhīdào le.

🎧 W05-05

회화 ②

A
_____

🔘Hint 안녕하세요!

B
_____

안녕하세요! 저는 24일 베이징으로 가는 비행기 표를 예약하겠습니다.

A
_____

오전 10시, 괜찮으신가요?

B
_____

괜찮습니다.

A
_____

성함이 어떻게 되세요?

B
_____

저는 리짜이텐(이재천)이라고 하고, 한국인입니다. 제 여권번호는 M20502782입니다.

A
_____

네. 예약되었습니다.

B
_____

감사합니다! 안녕히 계세요!

단문

		李	经	理	，	飞	机	票	我			了	，	
月			号	上	午		点	。	宾	馆	我		的	是
京	北	宾	馆	，	二	十	三	号		二	十	六	号	。	今
天	晚	上	您		山	口	先	生			的	餐	厅	也
	了	，	六	点	在				。				

Hint 리 사장님, 비행기 표는 제가 예매했습니다. 11월 23일 오전 10시입니다.
제가 예약한 호텔은 징베이 호텔로 23일부터 26일까지입니다.
오늘 저녁 사장님이 미스터 야마구치에게 식사 대접하실 식당도 예약했습니다.
6시에 일본 식당입니다.

STEP **5** 대화 연습하기

🎧 W05-06

회화①
- B 역할
- A 역할

🎧 W05-07

회화②
- B 역할
- A 역할

STEP 1 간체자 쓰기

累
lèi
[형] 피곤하다

累累累累累累累累累累累

| 累 | 累 | | | |
| lèi | lèi | | | |

怎么
zěnme
[대] 왜

怎怎怎怎怎怎怎怎怎/么么么

| 怎么 | 怎么 | | | |
| zěnme | zěnme | | | |

挺
tǐng
[부] 매우, 상당히

挺挺挺挺挺挺挺挺挺

| 挺 | 挺 | | | |
| tǐng | tǐng | | | |

喜欢
xǐhuan
[동] 좋아하다,
호감을 가지다

喜喜喜喜喜喜喜喜喜喜喜喜/欢欢欢欢欢欢

| 喜欢 | 喜欢 | | | |
| xǐhuan | xǐhuan | | | |

虽然
suīrán
[접] 비록 ~일지라도

虽虽虽虽虽虽虽虽虽/然然然然然然然然然然然然

| 虽然 | 虽然 | | | |
| suīrán | suīrán | | | |

但是
dànshì
[접] 그러나, 그렇지만

但但但但但但但/是是是是是是是是是

| 但是 | 但是 | | | |
| dànshì | dànshì | | | |

들으면서 따라 쓰기

🎧 W06-01

회화①

A 早上好，钱先生。你今天过得怎么样？

B 我很好，你呢？

A 我有点儿累。

B 怎么了？

A 工作太忙了。

🎧 W06-02

회화②

A 你忙吗？

B 不太忙。你怎么样？

A 我挺忙的，我找了一个新工作。

B 去哪家公司了？

A CTI公司。

B 你喜欢这个工作吗？

A 我挺喜欢这个工作的。

🎧 W06-03

단문

　　我找了一个新工作，现在我在CTI公司工作。虽然工作有点儿忙，我也有点儿累，但是我很喜欢这个工作。

🎧 W06-04

회화①

A
_____
🔘Hint Zǎoshang hǎo, Qián xiānsheng.

_____
Nǐ jīntiān guò de zěnmeyàng?

B
_____
Wǒ hěn hǎo, nǐ ne?

A
_____
Wǒ yǒudiǎnr lèi.

B
_____
Zěnme le?

A
_____
Gōngzuò tài máng le.

🎧 W06-05

회화②

A
_____
🔘Hint 바쁘세요?

B
_____
그렇게 바쁘지는 않아요. 당신은 어때요?

A
_____
저는 정말 바빠요. 새로운 직장을 찾았어요.

B
_____
어느 회사로 가셨어요?

A
_____
CTI 회사요.

B
_____
당신은 이 일이 좋나요?

A
_____
저는 이 일이 너무 좋아요.

단문

		我		了	一	个		工	作	。			我		C
T	I	公	司	工	作	。		工	作				忙	，	
我	也				累	，		我	很	喜	欢	这	个	工	
作	。														

Hint 저는 새 직장을 찾았습니다.
지금 저는 CTI 회사에서 일합니다.
비록 일이 조금 바빠서 저도 조금 피곤하지만 이 일이 정말 좋습니다.

🎧 W06-06

회화① – B 역할
– A 역할

🎧 W06-07

회화② – B 역할
– A 역할

STEP 1 간체자 쓰기

已经 yǐjīng 圖 이미, 벌써	己 己 已 / 经 经 经 经 经 经 经 经	
	已经 yǐjīng	已经 yǐjīng

戴 dài 圖 착용하다, 쓰다	戴 戴 戴 戴 戴 戴 戴 戴 戴 戴 戴 戴 戴 戴 戴 戴 戴	
	戴 dài	戴 dài

穿 chuān 圖 입다, 신다	穿 穿 穿 穿 穿 穿 穿 穿 穿	
	穿 chuān	穿 chuān

还是 háishi 圖 또는, 아니면	还 还 还 还 还 还 还 / 是 是 是 是 是 是 是 是 是	
	还是 háishi	还是 háishi

短 duǎn 圖 짧다	短 短 短 短 短 短 短 短 短 短 短 短	
	短 duǎn	短 duǎn

白色 báisè 圖 흰색	白 白 白 白 白 / 色 色 色 色 色 色	
	白色 báisè	白色 báisè

🎧 W07-01

회화 ①

A 王经理坐的是几点的飞机?

B 三点的，已经到了。

A 他戴眼镜吗?

B 戴。

A 是穿着黑色西装的那位吗?

B 很可能是。

🎧 W07-02

회화 ②

A 明天我们有位新同事来上班。

B 是吗，男的还是女的?

A 女的，你认识，昨天我们一起喝咖啡了。

B 是长头发的那位还是短头发的那位?

A 是长头发的那位小姐，她叫张欢。

B 我知道了。

🎧 W07-03

단문

　　我来介绍一下我的一位男同事，他叫高飞。他的头发是黑色的，短短的。他戴着白色的眼镜。他喜欢穿西装，打领带。他坐在我的左边。我很喜欢和他一起喝啤酒。

🎧 W07-04

회화 ①

A
_____
🔊Hint Wáng jīnglǐ zuò de shì jǐ diǎn de fēijī?

B
_____
Sān diǎn de, yǐjīng dào le.

A
_____
Tā dài yǎnjìng ma?

B
_____
Dài.

A
_____
Shì chuānzhe hēisè xīzhuāng de nà wèi ma?

B
_____
Hěn kěnéng shì.

🎧 W07-05

회화 ②

A
_____
🔊Hint 내일 우리 새 동료가 출근합니다.

B
_____
그래요? 남자인가요 여자인가요?

A
_____
여자입니다. 당신이 아시는 분이에요. 어제 우리 같이 커피를 마셨어요.

B
_____
머리가 긴 분인가요 아니면 짧은 분인가요?

A
_____
머리가 긴 그 아가씨요. 그녀는 장환이라고 해요.

B
_____
알겠습니다.

단문

		我	来			一	下	我	的	一	位	新			○
他		高	飞	○	他	的	头	发	是			的	,		
的	○	他			白	色	的			○	他	喜	欢		西
装	,		领	带	○	他	坐	在	我	的			○	我	很
喜	欢		他	一	起		啤	酒	○						

> **Hint** 제가 저의 남자 동료 한 분을 소개하겠습니다. 그는 가오페이라고 합니다.
> 그의 머리는 검은색이고 짧습니다. 그는 하얀색 안경을 쓰고 있습니다.
> 그는 양복 입는 것과 넥타이 매는 것을 좋아합니다. 그는 나의 왼쪽에 앉아 있습니다.
> 저는 그와 함께 맥주 마시는 것을 좋아합니다.

STEP **5** 대화 연습하기

🎧 W07-06

회화① – B 역할
– A 역할

🎧 W07-07

회화② – B 역할
– A 역할

STEP 1 간체자 쓰기

爱好 àihào 동 애호하다 명 취미, 기호	爱 爱 爱 爱 爱 爱 爱 爱 爱 爱 / 好 好 好 好 好 好			
	爱好 àihào	爱好 àihào		

旅游 lǚyóu 동 여행하다	旅 旅 旅 旅 旅 旅 旅 旅 旅 旅 / 游 游 游 游 游 游 游 游 游 游 游 游			
	旅游 lǚyóu	旅游 lǚyóu		

跑步 pǎobù 동 달리다	跑 跑 跑 跑 跑 跑 跑 跑 跑 跑 跑 跑 / 步 步 步 步 步 步 步			
	跑步 pǎobù	跑步 pǎobù		

做 zuò 동 하다	做 做 做 做 做 做 做 做 做 做 做			
	做 zuò	做 zuò		

STEP 2 들으면서 따라 쓰기

🎧 W08-01

회화① A 你爱好什么?

B 我的爱好是唱歌，你呢?

A 我喜欢旅游。

A 你喜欢旅游吗？

B 我很喜欢旅游。

A 你去过哪儿？

B 我去过美国和日本。

W08-02
회화②

A 你每天都去跑步吗？

B 每天都去。

A 你每天什么时候去跑步？

B 我每天上班前和下班后都去跑步。

A 下班后你喜欢做什么？

B 我喜欢和朋友一起吃饭。

A 你喜欢吃什么菜？

B 我什么菜都喜欢。

W08-03
단문

　　下班后你们喜欢做什么？李经理喜欢去唱歌，高先生喜欢晚上去跑步，李小姐喜欢和朋友一起去旅游。星期五晚上我们一起去唱歌，星期六我们一起去跑步，星期天我们一起去旅游。

🎧 W08-04

회화 ①

A _____

🔘Hint Nǐ àihào shénme?

B _____

Wǒ de àihào shì chànggē, nǐ ne?

A _____

Wǒ xǐhuan lǚyóu.

A _____

🔘Hint Nǐ xǐhuan lǚyóu ma?

B _____

Wǒ hěn xǐhuan lǚyóu.

A _____

Nǐ qùguo nǎr?

B _____

Wǒ qùguo Měiguó hé Rìběn.

🎧 W08-05

회화 ②

A _____

🔘Hint 당신은 매일 달리기하러 가나요?

B _____

매일 가요.

A _____

매일 언제 달리기하러 가나요?

B _____

매일 출근 전과 퇴근 후에 달리기하러 갑니다.

A
_____

Hint 퇴근 후에 무엇을 하는 걸 좋아하세요?

B
_____

저는 친구와 함께 밥 먹는 걸 좋아합니다.

A
_____

어떤 요리를 좋아하세요?

B
_____

저는 어떤 요리도 다 좋아해요.

STEP 4 빈칸 채우기

단문

		下	班		你	们	喜	欢		什	么	？	李	经	理
喜	欢	去			，	高	先	生	喜	欢	晚	上	去		，
李	小	姐	喜	欢		朋	友			去			。	星	期
五	晚	上	我	们			去		，	星	期	六	我	们	
		去		，	星	期	天	我	们			去			。

Hint 퇴근 후에 당신들은 무엇을 하는 걸 좋아하나요?
리 사장은 노래하러 가는 걸 좋아하고, 미스터 가오는 저녁에 달리기하러 가는 걸 좋아하고,
미스 리는 친구와 함께 여행 가는 것을 좋아합니다. 금요일 저녁에 우리는 같이 노래 부르러 가고,
토요일에는 함께 달리기하러 가고, 일요일에는 같이 여행을 갑니다.

STEP 5 대화 연습하기

🎧 W08-06
회화 ① – B 역할
– A 역할

🎧 W08-07
회화 ② – B 역할
– A 역할

Unit
09

STEP 1 간체자 쓰기

离 lí 통 떨어지다, 거리를 두다	离离离离离离离离离离				
	离 lí	离 lí			

近 jìn 형 가깝다	近近近近近近近				
	近 jìn	近 jìn			

快 kuài 형 빠르다	快快快快快快快				
	快 kuài	快 kuài			

分钟 fēnzhōng 명 분	分分分分／钟钟钟钟钟钟钟钟钟				
	分钟 fēnzhōng	分钟 fēnzhōng			

STEP 2 들으면서 따라 쓰기

🎧 W09-01

회화 ①

A 你每天怎么来上班?

B 我的家离公司很近, 我每天走路上班, 你呢?

A 我的家离公司很远, 我每天开车上班。

A 你每天怎么来上班？

B 我坐35路公共汽车。

A 坐公共汽车要多长时间？

B 一个多小时。

회화②

A 你每天怎么来上班？

B 我每天坐地铁来上班，你呢？

A 地铁虽然很快，但是人太多了。我开车来上班。

A 你每天怎么来上班？

B 我坐地铁。

A 要坐多少站？

B 五站。

단문

　　你们每天怎么去上班？李好的家离公司很近，她每天走路上班，要走十分钟。我家离公司很远，我坐地铁上班，要坐十站。地铁虽然很快，但是人太多了。李经理的家也很远，他开车上班，要开一个小时。张迎的家不太远，她每天坐公共汽车上班要坐半个小时。

🎧 W09-04

회화 ①

A
_____

🔊Hint Nǐ měi tiān zěnme lái shàngbān?

B
_____

Wǒ de jiā lí gōngsī hěn jìn, wǒ měi tiān zǒulù shàngbān, nǐ ne?

A
_____

Wǒ de jiā lí gōngsī hěn yuǎn, wǒ měi tiān kāichē shàngbān.

A
_____

🔊Hint Nǐ měi tiān zěnme lái shàngbān?

B
_____

Wǒ zuò sānshíwǔ lù gōnggòng qìchē.

A
_____

Zuò gōnggòng qìchē yào duō cháng shíjiān?

B
_____

Yí ge duō xiǎoshí.

🎧 W09-05

회화 ②

A
_____

🔊Hint 당신은 매일 어떻게 출근해요?

B
_____

저는 매일 지하철을 타고 출근해요. 당신은요?

A
_____

지하철은 비록 빠르지만 사람이 너무 많아요. 저는 운전해서 출근해요.

A
_____

Hint 당신은 매일 어떻게 출근해요?

B
_____

저는 지하철을 타요.

A
_____

몇 정거장을 가나요?

B
_____

다섯 정거장이요.

STEP 4 빈칸 채우기

단문

		你	们	每	天			去			?	李	好	的	家
	公	司	很		，	她	每	天			上	班	，	要	走
			。	我	家		公	司	很		，	我	坐	地	铁
上	班	，	要	坐			。	地	铁		很	快	，		
	人	太	多	了	。	李	经	理	的	家	也	很	远	，	他
	上	班	，	要	开	一	个			。	张	迎	的	家	
	远	，	她	每	天	坐	公	共	汽	车	上	班	要	坐	
			。												

Hint 당신들은 매일 어떻게 출근해요? 리하오의 집은 회사에서 가까워서 그녀는 매일 걸어서 출근하고 10분 정도 걸려요.
저희 집은 회사에서 멀어서 지하철을 타고 출근하고 10 정거장을 가야 해요.
지하철은 빠르지만 사람이 너무 많아요. 리 사장님 집도 멀어서 운전해서 출근하고 한 시간 걸려요.
장잉의 집은 그다지 멀지 않아서 그녀는 매일 버스를 타고 출근하고 30분 정도 걸려요.

STEP 5 대화 연습하기

🎧 W09-06
회화① – B 역할
– A 역할

🎧 W09-07
회화② – B 역할
– A 역할

Unit 10

간체자 쓰기

学校 xuéxiào 명 학교	学学学学学学学学学／校校校校校校校校校校	
	学校 xuéxiào	学校 xuéxiào

商务 shāngwù 명 비즈니스	商商商商商商商商商商商／务务务务务	
	商务 shāngwù	商务 shāngwù

中心 zhōngxīn 명 센터	中中中中／心心心心	
	中心 zhōngxīn	中心 zhōngxīn

楼 lóu 명 빌딩, 건물	楼楼楼楼楼楼楼楼楼楼楼楼楼	
	楼 lóu	楼 lóu

STEP 2 들으면서 따라 쓰기

W10-01

회화①

A 请问，你们学校在哪儿？

B 我们学校在CBD。

A 离这儿远吗？

B 不远，走路要十分钟。

A 李经理，你们公司在哪儿？

B 我们公司在北京路15号的贵朋商务中心。

A 是在北京站的西边吗？

B 是的，是在北京站的西边。

W10-02

회화②

A 高经理，你们公司在哪儿？

B 我们在三友商业中心16层。

A 是在CBD吗？

B 不是，我们公司在五路桥南边的三友商业中心。

A 五路桥南，三友商业中心，谢谢，下午见。

B 好的，下午见。

W10-03

단문

　　我们公司在CBD的高远商务中心。楼的东边有一个地铁站，西边有一个超市，南边有一个医院，北边有一个学校。我每天坐地铁来上班，下班后去学习汉语。

🎧 W10-04

회화 ①

A
_____

> Hint Qǐngwèn, nǐmen xuéxiào zài nǎr?

B
_____

> Wǒmen xuéxiào zài CBD.

A
_____

> Lí zhèr yuǎn ma?

B
_____

> Bù yuǎn, zǒulù yào shí fēnzhōng.

A
_____

> Hint Lǐ jīnglǐ, nǐmen gōngsī zài nǎr?

B
_____

> Wǒmen gōngsī zài Běijīnglù shíwǔ hào de Guìpéng Shāngwù Zhōngxīn.

A
_____

> Shì zài Běijīngzhàn de xībian ma?

B
_____

> Shì de, shì zài Běijīngzhàn de xībian.

🎧 W10-05

회화 ②

A
_____

> Hint 가오 사장님, 사장님 회사는 어디에 있나요?

B
_____

> 우리는 산유 비즈니스 센터 16층에 있어요.

A
_____

> CBD에 있나요?

B

―――――――――――――――――――――――――――――――――――――――
아니요. 저희 회사는 우루교 남쪽에 있는 산유 상업 센터입니다.

A

―――――――――――――――――――――――――――――――――――――――
우루교 남쪽의 산유 상업 센터. 감사합니다. 오후에 뵙겠습니다.

B

―――――――――――――――――――――――――――――――――――――――
네, 오후에 뵙죠.

STEP 4 빈칸 채우기

단문

		我	们	公	司	在	C	B	D	的	高	远	
	。	楼	的			有	一	个	地	铁	站	，	|有
一	个	超	市	，			有	一	个	医	院	，	|有
一	个	学	校	。	我			坐	地	铁	来	上	班|，
	去	学	习	汉	语	。							

Hint 우리 회사는 CBD의 가오위안 비즈니스 센터에 있습니다.
건물의 동쪽에는 지하철역이 하나 있고 서쪽에는 슈퍼마켓이 하나 있습니다.
남쪽에는 병원이 하나 있고 북쪽에는 학교가 하나 있습니다.
저는 매일 지하철을 타고 출근합니다. 퇴근 후에는 중국어 공부하러 갑니다.

STEP 5 대화 연습하기

🎧 W10-06
회화① – B 역할
– A 역할

🎧 W09-07
회화② – B 역할
– A 역할

STEP 1 간체자 쓰기

晴 qíng 형 맑다, 개어 있다	晴晴晴晴晴晴晴晴晴晴晴晴		
	晴 qíng	晴 qíng	

阴 yīn 형 흐리다	阴阴阴阴阴阴阴		
	阴 yīn	阴 yīn	

报纸 bàozhǐ 명 신문	报报报报报报报/纸纸纸纸纸纸纸		
	报纸 bàozhǐ	报纸 bàozhǐ	

最 zuì 부 가장, 제일	最最最最最最最最最最最		
	最 zuì	最 zuì	

温度 wēndù 명 온도	温温温温温温温温温温温温/度度度度度度度度度		
	温度 wēndù	温度 wēndù	

没有 méiyǒu 동 ~만 못하다, ~에 못 미치다	没没没没没没没/有有有有有有		
	没有 méiyǒu	没有 méiyǒu	

🎧 W11-01

회화①

A 明天天气怎么样?

B 明天是晴天。

A 今天是阴天，一会儿会下雨吗?

B 报纸上说今天会下雨。

A 昨天下雨了，今天可能不会下雨吧。

B 下雨也没关系，我带伞了。

🎧 W11-02

회화②

A 报纸上说今天天气怎么样?

B 晴天，但是会刮风。

A 今天真冷，最高温度是多少?

B 五度，最低温度是零下三度。

A 比昨天冷。

B 是，最近太冷了。

🎧 W11-03

단문

　　今天上午是阴天，下午可能会下雨。报纸上说，明天是晴天，会刮风，温度没有今天高。李经理很喜欢北京下雨的天气，温度不高，比韩国冷。我不喜欢下雨，下雨的天气温度比晴天低，有点儿冷。

🎧 W11-04

회화①

A

🔊Hint Míngtiān tiānqì zěnmeyàng?

B

Míngtiān shì qíng tiān.

A

🔊Hint Jīntiān shì yīn tiān, yíhuìr huì xià yǔ ma?

B

Bàozhǐ shang shuō jīntiān huì xià yǔ.

A

Zuótiān xià yǔ le, jīntiān kěnéng bú huì xià yǔ ba.

B

Xià yǔ yě méi guānxi, wǒ dài sǎn le.

🎧 W11-05

회화②

A

🔊Hint 신문에서 오늘 날씨가 어떻다고 했나요?

B

맑은 날이지만 바람이 분다고 하네요.

A

오늘 정말 춥네요. 최고 온도가 몇 도죠?

B

5도예요. 최저 온도는 영하 3도고요.

A

어제보다 춥네요.

B

네, 요즘 너무 추워요.

STEP 4 빈칸 채우기

단문

		今	天	上	午	是			，	下	午			会
	。	报	纸	上		，	明	天	是		，	会		，
温	度			今	天	。	李	经	理	很	喜	欢	北	京
下	雨	的	天	气	，			不	高	，		韩	国	。
我				下	雨	，	下	雨	的	天	气	温	度	晴
天	，				冷	。								

Hint 오늘 오전은 날이 흐리고 오후는 아마 비가 내릴 것 같습니다.
신문에서는 내일은 맑고 바람이 불고 온도가 오늘보다 높지 않을 거라 합니다.
리 사장은 온도가 높지 않고 한국보다 추운 베이징의 비 오는 날씨를 좋아합니다.
저는 비가 내리는 것을 좋아하지 않습니다. 비가 내리는 날은 맑을 때보다 온도가 낮고 조금 춥습니다.

STEP 5 대화 연습하기

W11-06
회화 ① – B 역할
– A 역할

W11-07
회화 ② – B 역할
– A 역할

STEP 1 간체자 쓰기

舒服 shūfu 형 편안하다	舒舒舒舒舒舒舒舒舒舒舒 / 服服服服服服服服			
	舒服 shūfu	舒服 shūfu		

疼 téng 동 아프다	疼疼疼疼疼疼疼疼疼疼			
	疼 téng	疼 téng		

感冒 gǎnmào 동 감기 걸리다	感感感感感感感感感感感感感 / 冒冒冒冒冒冒冒冒冒			
	感冒 gǎnmào	感冒 gǎnmào		

生病 shēngbìng 동 병이 나다, 발병하다	生生生生生 / 病病病病病病病病病病			
	生病 shēngbìng	生病 shēngbìng		

STEP 2 들으면서 따라 쓰기

🎧 W12-01

회화①   A 张经理，我的身体不舒服，想先去看医生，然后再上班。

B 好的，你先去吧。

A 谢谢您，再见。

B 再见。

A 您哪儿不舒服？

B 我这儿疼，这儿也不舒服。

A 我看看…… 没有发烧，你感冒了。你先吃点儿药吧。

B 好的，谢谢您。

W12-02
회화②

A 您身体好些了吗？

B 我吃了点儿药，快好了。

A 您太累了，要多休息。

B 我太忙了。

A 明天是星期六，您可以休息一下。

B 是，我要好好休息一下。

W12-03
단문

　　李经理，您好，我是王欢。我生病了，今天去看了医生。医生说我感冒了，有点儿发烧，让我多休息。我想在家休息两天，可以吗？谢谢您。

🎧 W12-04

회화①

A

Hint Zhāng jīnglǐ, wǒ de shēntǐ bù shūfu, xiǎng xiān qù kàn yīshēng, ránhòu zài shàngbān.

B

Hǎo de, nǐ xiān qù ba.

A

Xièxie nín, zàijiàn.

B

Zàijiàn.

A

Hint Nín nǎr bù shūfu?

B

Wǒ zhèr téng, zhèr yě bù shūfu.

A

Wǒ kànkan⋯⋯ Méiyǒu fāshāo, nǐ gǎnmào le. Nǐ xiān chī diǎnr yào ba.

B

Hǎo de, xièxie nín.

🎧 W12-05

회화②

A

Hint 몸은 좀 좋아졌어요?

B

약을 좀 먹었어요. 곧 좋아질 거예요.

A

너무 피곤하신 것 같아요. 푹 쉬세요.

B

너무 바쁘네요.

A

───

내일은 토요일이니 좀 쉴 수 있겠네요.

B

───

네, 잘 좀 쉬어야겠어요.

STEP 4 빈칸 채우기

단문

		李	经	理	,	您	好	,	我	是	王	欢	。	我	
	了	,	今	天	去		了			。	医	生		我	
	了	,	有	点	儿			,		我		休	息	。	我
	在	家		两	天	,			吗	?	谢	谢	您	。	

Hint 리 사장님, 안녕하세요. 저는 왕환입니다. 제가 병이 나서 오늘 진료를 받으러 갔습니다. 의사 말로는 감기에 걸렸고 열이 조금 있으니 푹 쉬라고 합니다. 제가 집에서 이틀 쉬고 싶은데 괜찮을까요? 감사합니다.

STEP 5 대화 연습하기

🎧 W12-06

회화①
- B 역할
- A 역할

🎧 W12-07

회화②
- B 역할
- A 역할

간체자 쓰기

留言 liúyán 몡 메모, 메시지 동 메시지를 남기다	留留留留留留留留留留/言言言言言言言			
	留言 liúyán	留言 liúyán		

正在 zhèngzài 뷔 ~하고 있는 중이다	正正正正正/在在在在在在			
	正在 zhèngzài	正在 zhèngzài		

告诉 gàosu 동 말하다	告告告告告告告/诉诉诉诉诉诉诉			
	告诉 gàosu	告诉 gàosu		

能 néng 조동 ~할 수 있다, ~일 수 있다	能能能能能能能能能能			
	能 néng	能 néng		

들으면서 따라 쓰기

🎧 W13-01

회화①

A 王秘书，我有留言吗？

B 有，这是您的留言。

A 谢谢。

A 您好，请问，王经理在吗？

B 他正在开会，您要给他留言吗？

A 我是CTI公司的王欢，请告诉他，我明天要出差，不能和他见面了。

B 好的，我会告诉他的。

W13-02
회화②

A 您好，请问李经理在吗？

B 她现在不在。

A 我可以给她留言吗？

B 可以，您请说。

A 我是CTI公司的高小明，请她给我回个电话，我的电话是010-1234-5678。

B 好的，我会告诉李经理的。

W13-03
단문

　　您好，李经理。我是CTI公司的李好。我生病了，要在家休息一下。下周一不能和您开会了。我星期五上班，我们可以星期五开会吗？请给我回个电话，谢谢。

🎧 W13-04

회화①

A
_____

> **Hint** Wáng mìshū, wǒ yǒu liúyán ma?

B
_____

> Yǒu, zhè shì nín de liúyán.

A
_____

> Xièxie.

A
_____

> **Hint** Nín hǎo, qǐngwèn, Wáng jīnglǐ zài ma?

B
_____

> Tā zhèngzài kāihuì, nín yào gěi tā liúyán ma?

A
_____

> Wǒ shì CTI Gōngsī de Wáng Huān, qǐng gàosu tā, wǒ míngtiān yào chūchāi,

_____

> bù néng hé tā jiànmiàn le.

B
_____

> Hǎo de, wǒ huì gàosu tā de.

🎧 W13-05

회화②

A
_____

> **Hint** 안녕하세요. 말씀 좀 묻겠습니다. 리 사장님 계신가요?

B
_____

> 사장님은 지금 안 계십니다.

A
_____

> 제가 사장님께 메모를 남길 수 있을까요?

B
_____

> 네, 말씀하세요.

A

　　저는 CTI 회사의 가오샤오밍입니다. 사장님께 제게 전화를 달라고 해 주세요.

　　제 전화번호는 010-1234-5678입니다.

B

　　네, 제가 리 사장님께 전하겠습니다.

STEP 4 빈칸 채우기

단문

		您	好	，	李	经	理	。	我		C	T	I	公	司
的	李	好	。	我		了	，	要		家				一	下。
下	周	一		和	您	开	会	了	。	我					上
班	，	我	们		星	期	五	开	会		？	请			我
	个		，	谢	谢	。									

Hint 안녕하세요. 리 사장님. 저는 CTI 회사의 리하오입니다. 제가 병이 나서 집에서 좀 쉬려고 합니다. 다음 주 월요일에 사장님과 회의할 수 없을 것 같습니다. 제가 금요일에 출근하는데, 금요일에 회의해도 괜찮을까요? 저에게 전화해 주세요, 감사합니다.

STEP 5 대화 연습하기

🎧 W13-06

회화①　– B 역할
　　　　　　– A 역할

🎧 W13-07

회화②　– B 역할
　　　　　　– A 역할

STEP 1 간체자 쓰기

抱歉 bàoqiàn 동 미안해하다, 미안하게 생각하다	抱 抱 抱 抱 抱 抱 抱 抱 / 歉 歉 歉 歉 歉 歉 歉 歉 歉 歉 歉 歉 歉 歉		
	抱歉 bàoqiàn	抱歉 bàoqiàn	

非常 fēicháng 부 대단히, 심히	非 非 非 非 非 非 非 非 / 常 常 常 常 常 常 常 常 常 常 常		
	非常 fēicháng	非常 fēicháng	

错 cuò 형 틀리다, 맞지 않다	错 错 错 错 错 错 错 错 错 错 错 错 错		
	错 cuò	错 cuò	

事情 shìqing 명 일, 사건	事 事 事 事 事 事 事 事 / 情 情 情 情 情 情 情 情 情 情		
	事情 shìqing	事情 shìqing	

STEP 2 들으면서 따라 쓰기

W14-01

회화①

A 劳驾，请让一下。

B 抱歉。

A 非常感谢！

A 先生， 这是您的咖啡。

B 咖啡？我点的是茶。

A 真不好意思，我写错了。

B 没关系。

W14-02
회화②

A 真抱歉，我要晚半个小时到。

B 没关系，我等您。

A 王小姐，您今天在公司吗？

B 不好意思，我今天休息。

A 我们不是四号见吗？

B 不是，我和您说的是十号见。

A 真抱歉，我可能听错了。

B 没关系。

W14-03
단문

　　今天我做错了很多事情。高飞让我买咖啡，我买错了，买了茶。李好让我三点开会，我听错了，两点去的，等了一个小时。王欢让我告诉她王经理的电话，我说错了，说的是李经理的电话。我这是怎么了？

듣고 받아 쓰기

🎧 W14-04

회화 ①

A
_____

Hint Láojià, qǐng ràng yíxià.

B
_____

Bàoqiàn.

A
_____

Fēicháng gǎnxiè!

A
_____

Hint Xiānsheng, zhè shì nín de kāfēi.

B
_____

Kāfēi? Wǒ diǎn de shì chá.

A
_____

Zhēn bù hǎoyìsi, wǒ xiěcuò le.

B
_____

Méi guānxi.

🎧 W14-05

회화 ②

A
_____

Hint 정말 죄송합니다. 제가 30분 늦게 도착할 것 같습니다.

B
_____

괜찮습니다. 제가 기다리겠습니다.

A
_____

Hint 미스 왕, 오늘 회사에 계신가요?

B
_____

죄송합니다. 저는 오늘 쉬어요.

A

우리 4일에 만나기로 하지 않았나요?

B

아니요, 저희는 10일에 만나기로 했습니다.

A

정말 죄송합니다. 제가 아마 잘못 들었나 봐요.

B

괜찮습니다.

STEP 4 ▸ 빈칸 채우기

단문

		今	天	我			了	很	多			。	高	飞
我		咖	啡	，	我			了	，		了	茶	。	李	好
	我	三	点			，	我			了	，	两	点	去	的,
	了	一	个		。	王	欢		我			她	王	经	
理	的	电	话	，	我			了	，		的	是	李	经	理
的	电	话	。	我	这	是			?					

Hint 오늘 저는 실수를 많이 했습니다. 가오페이는 저에게 커피를 사 달라고 했는데 저는 잘못 사서 차를 샀습니다.
리하오는 저에게 3시에 회의하자고 했는데 제가 잘못 들어 두 시에 가서 한 시간을 기다렸습니다.
왕환은 저에게 왕 사장의 전화번호를 알려 달라고 했는데 제가 잘못 말해서 리 사장의 전화번호를 알려 줬습니다.
저 왜 이러죠?

STEP 5 ▸ 대화 연습하기

🎧 W14-06
회화① – B 역할
– A 역할

🎧 W14-07
회화② – B 역할
– A 역할

STEP 1 간체자 쓰기

| 需要
xūyào
图 필요로 하다,
요구되다 | 需需需需需需需需需需需需需/要要要要要要要要要 | | | |
| | 需要
xūyào | 需要
xūyào | | |

| 帮助
bāngzhù
图 돕다 | 帮帮帮帮帮帮帮帮帮/助助助助助助助 | | | |
| | 帮助
bāngzhù | 帮助
bāngzhù | | |

| 向
xiàng
개 ~로, ~을 향하여 | 向向向向向向 | | | |
| | 向
xiàng | 向
xiàng | | |

| 转
zhuǎn
图 돌다 | 转转转转转转转转 | | | |
| | 转
zhuǎn | 转
zhuǎn | | |

STEP 2 들으면서 따라 쓰기

🎧 W15-01

회화 ①

A 您需要帮助吗?

B 是,附近有地铁站吗?

A 有,您往东走三百米,就到了。

B 谢谢!

A 劳驾，去北京站怎么走？我要去坐火车。

B 向北走，然后左转，就到了。

A 离这儿有多远？

B 走十分钟就到了。

W15-02

회화②

A 您需要帮助吗？

B 劳驾，附近有洗手间吗？

A 地铁站里有，你一直走就到了。

B 离这儿有多远？

A 一百多米。

B 谢谢！

A 别客气。

W15-03

단문

　　怎么去北京医院？可以坐5路公共汽车，在北京医院站下车就行了，要坐一个多小时。公共汽车站很近，往东走一百多米，左转就到了。你也可以坐地铁，坐地铁比坐公共汽车快，在北京站下车，半个多小时就到了。地铁站要一直往西走，走十多分就到了。

듣고 받아 쓰기

🎧 W15-04

회화 ①

A
_____

💡Hint Nín xūyào bāngzhù ma?

B
_____

Shì, fùjìn yǒu dìtiězhàn ma?

A
_____

Yǒu, nín wǎng dōng zǒu sānbǎi mǐ, jiù dào le.

B
_____

Xièxie!

A
_____

💡Hint Láojià, qù Běijīngzhàn zěnme zǒu? Wǒ yào qù zuò huǒchē.

B
_____

Xiàng běi zǒu, ránhòu zuǒ zhuǎn, jiù dào le.

A
_____

Lí zhèr yǒu duō yuǎn?

B
_____

Zǒu shí fēnzhōng jiù dào le.

🎧 W15-05

회화 ②

A
_____

💡Hint 도움이 필요하세요?

B
_____

죄송합니다만 근처에 화장실이 있나요?

A
_____

지하철 역 안에 있어요. 쭉 가시면 나옵니다.

B
_____

여기서 얼마나 멀어요?

A

....
                                                                              100여 미터 정도요.
B

....
                                                                                      감사합니다.
A

....
                                                                                       아닙니다.

STEP 4 빈칸 채우기

단문

			去	北	京	医	院	？	可	以	坐	5	路	公
共	汽	车	，	在	北	京	医	院	站		就	行	了	，
要	坐			小	时	。	公	共	汽	车	站	很		，
		一	百	多	米	，		就	到	了	。	你	也	
可	以	坐	地	铁	，	坐	地	铁		坐	公	共	汽	车	快，
在	北	京	站	下	车	，			就	到	了	。	
地	铁	站	要	一	直		，	走	十	多	分	就	到
了	。												

※Hint 베이징병원에 어떻게 가시나요? 5번 버스를 타고 베이징병원역에서 내리면 됩니다. 한 시간 정도 걸려요. 버스 정거장은 가까워서 동쪽으로 100여 미터 걷다가 왼쪽으로 돌면 바로 도착합니다. 지하철을 타도 됩니다. 지하철이 버스보다 빨라요. 베이징역에서 내리면 되는데 30여 분 정도면 도착합니다. 지하철역은 서쪽으로 계속해서 10여 분 정도 걷다 보면 도착합니다.

STEP 5 대화 연습하기

🎧 W15-06
회화① – B 역할
       – A 역할

🎧 W15-07
회화② – B 역할
       – A 역할